KB266331

대기업에 취업하고 싶다면
당장 이것부터 해 보자

대기업에 취업하고 싶다면 당장 이것부터 해 보자

오원섭 지음

대기업 23년차 인사팀장 출신
현직 팀장이 알려주는 속성 취업 준비서

취업을 준비하는 후배들에게 전하는
대기업 취업하는 법!

취준생들은 무엇을 준비하고,
고민해야 할까?

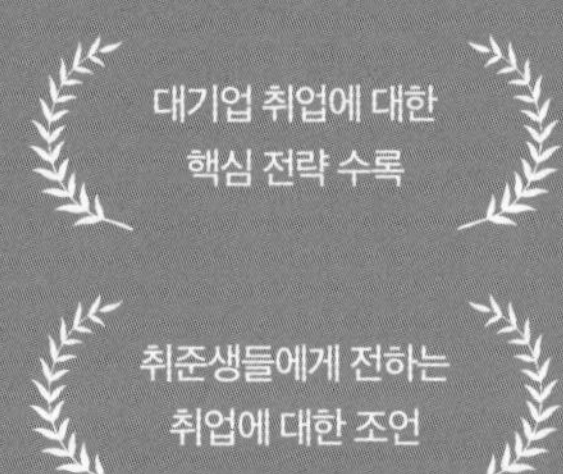

좋은땅

첫 책을 발간하며…

1980년대 북한산 자락에 위치한 도봉구 수유동(현재는 강북구)은 행정구역상 서울이지만, 동네 분위기상 서울, 도심이라기보다 변두리 또는 지방이라고 부르는 게 나을 정도였다. 어릴 적 북한산에 올라 계곡에서 가재 잡고, 나무에 올라 아카시아를 따먹고 놀았는데, 초등학교 고학년이 되면서 친구들과 중고등학생 형, 누나들 흉내를 내고 싶어 종종 종로에 있는 교보문고로 책을 본다는 핑계로 마실(?)을 가곤 했었다.

친구들 여럿과 시내 한복판 대형 서점으로 놀러 나온 나에게 당시 고등학교 영어 선생님이셨던 아버지께서 집필하신 Vocabulary가 대형 서점의 책장에 꽂혀 있던 모습만으로 엄청난 자랑거리였고, 친구들 사이에서 우월 의식을 느끼기에 충분했다. 아마 이때부터였을 것 같다. 나도 어른이 되면 책을 집필하고, 아버지의 Vocabulary가 수험생인 고등학생들에게 큰 도움이 되었듯 나도 누군가에게 도움이 될 만한 책을 써 보고 싶다는 막연한 희망을 품게 된 것이.

2018년 봄, 회사에서 보내준 서울대학교 EMBA 수업 전 사물함에서

책을 꺼내려고 할 때 사물함 옆 통로에서 아는 목소리로 누군가 두 사람이 대화를 하고 있었다. 지금은 고인이 된 이상민 원우와 경영컨설팅 이경영 대표님(박사)이었다. 이상민 이사가 이미 베스트셀러 작가였던 이경영 대표님께 서적을 출간하고 싶은데 어떻게 해야 하는지에 대해 문의하며 대화하고 있었다. 앞에서 말한 것처럼 어릴 적부터 막연히 아버지를 본받아 서적을 출간하고, 누군가에게 선한 영향력을 끼치고 싶었던 나도 그 대화에 끼게 되었고, 그 해 봄부터 기업의 인사, 채용 직무 노하우를 살려 글을 쓰기 시작했다.

그로부터 근 7년이 지났다. 그중 4~5년은 회사 일이 바쁘다는 핑계로 아예 글쓰기를 쉬기도 했고, 출간에는 비용이 꽤 들어간다는 핑계로 미뤄 오다 2025년에 이르러서야 큰 맘 먹고 책을 발간하기로 결심했다. 20년이 훌쩍 넘은 대기업 근무 경험을 바탕으로 근래 취업난에 방법을 몰라 고생하고 있는, 조만간 사회의 주인공이 될 후배들을 위해 부모의 마음을 담아 책을 발간하고자 한다.

약 40여 년간 서적을 출간하고 싶은 꿈을 갖게 해 주신 아버지, 항상 곁에서 내 편이 되어 주고, 평생 사랑하는 마음을 갖게 해 준 와이프 현진이, 그리고 내 삶의 이유이자 이제는 내 전부가 된 하나밖에 없는 우리 딸 채은이, 하나밖에 없는 내 동생 승훈이에게 이 책을 바친다.

결혼식 주례를 맡아 주시며 아내와의 인생 시작을 선언해 주셨고,

항상 인생의 모범과 길잡이가 되어 주시는 연세대학교 정치외교학과 양승함 명예교수님, 서울대학교 EMBA 시절부터 항상 학자다운 모습으로 몸소 모범을 보여 주고 계신 대구경북과학기술원(DGIST) 주우진 기술경영대학원장님께도 훌륭한 인생의 가르침을 받은 제자로서 감사드립니다.

항상 채용과 관련된 조언을 주시는 좋은일컴퍼니 변윤화 본부장님, 월드클래스 문종성 대표님, 대학내일 자회사 NHR 유제문 본부장님께도 감사드립니다.

이 서적을 출간하는 데 직접적으로 도움을 주신 경영컨설팅 이경영 대표님과 지금은 고인이 된 故 이상민 이사님,

고등학교 동문 선후배 사이지만, 30여 년이 지난 지금까지 옆에서 큰 힘이 되어 주고 계시는 카페뮤제오 서동의 대표님, 현대모비스 최민 팀장님, 산업은행 장연식 팀장님, 삼성자산운용 황석기 부장님.

서울대 EMBA 동문으로 따뜻하고, 진심 어린 조언을 주며, 항상 좋은 일이 있으면 함께 기뻐해 주고, 고민이 있으면 당신 일처럼 함께 걱정해 주시는 삼천리 정세영 상무님, 더부에스텍 이재권 고문님, SSIM 배두열 대표님, 넥슨 손준호 실장님, 삼성전자 조원희 상무님, 삼성전자 이지연 상무님, 현대중공업 송재훈 상무님.

GS 인사팀장 모임에서 만나 신도림에서 도원결의를 다지며, 늘 한결 같은 모습으로 지금도 함께 하고 있는 CRK 사공민 상무님, GS E&R 방덕일 상무님, GS리테일 박건하 팀장님

변하지 않는 인생의 친구로, 동반자로 늘 같은 자리에서, 같은 모습으로 있어 주는 신용보증기금 최현수 팀장님, 울산GPS 전세훈 PL님, GS파워 윤인호 팀장님, 프리워커 고선미 대표님.

이하 제가 사회의 구성원으로 건강하게 살아갈 수 있게 도와주신 모든 분들께 진심으로 감사드립니다.

목차

III. 입사지원

IV. 인담 및 면접관의 관점에서

V. 면접 개요

VI. 면접 트렌드

VII. 실전 면접 대비하기

I

취업 준비 전에 알아야 할 것들

취업 전에 생각해 봐야 할 것들…

　취준생들과 취업 상담을 할 경우 대기업에 취업하려면 무엇을 준비해야 하는가, 면접관들은 주로 어떤 질문을 하는가, 학점은 몇 점이면 합격 가능한가, 어학 점수는 몇 점을 받아야 하는가 등 지엽적이고, 기술적인 질문들이 주를 이룬다. 대부분 취업을 시험 정도로 여기기 때문이리라. 취업, 특히 면접이라는 프로세스는 단기간 준비해 통과할 수 있는 시험이 아니다. 피면접자의 인성, 살아온 환경, 주요 관심사, 직무 관련 지식과 경험 등 면접관들이 종합적으로 관찰하고 판단해 같이 일할 동료를 찾는 과정일 뿐이다.

　그렇다면 취준생들은 무엇을 준비하고, 고민해야 할까? 취업이 단기간 고민하고, 노력해 이룰 수 있는 결과가 아니라 말했듯 긴 호흡을 갖고 천천히 준비해야 하는데, 가장 먼저 해야 할 것은 자기 자신을 아는 것이다. 왜냐하면 면접관의 입장에서는 같이 일할 동료, 업무를 지시할 팀원을 찾는 과정인데, 그 사람이 어떤 사람인지 알아야 함께 일할 수 있는 사람인지 아닌지 판단이 가능하기 때문이다. 대부분의 피면접자들과 면접관들이 인식에서 차이를 보이는 부분이 이 대목이다. 피면접자들은 질문에 대해 단답형으로 답하기 위해 면접을 준비하는 반면, 면접관들은 구조화된 질문을 통해 피면접자들의 과거 경험, 가치관, 생각, 살아온 환경 등 다방면으로 질문을 하고, 구체적으로 어떤 사람인지, 입사를 하게 되면 어떻게 행동할지 예측하려고 노력한다.

자신을 알기 위해서는 어떤 질문을 본인에게 해 봐야 할까? 우선, 자신의 장단점에 대해 스스로 잘 알아야 한다. 물론, 자신의 장단점을 파악할 때도 회사의 업태와 지원하는 직무 등을 고려해 연관성을 찾아내는 것이 중요하다. 예를 들어, 꼼꼼하고 신중한 성격이 연구원이나 인사의 급여 담당자로서는 장점이 될 수 있지만, 영업직에는 별로 중요하지 않은 성향일 수 있다. 따라서 본인의 성격을 파악한 후에야 비로소 자신이 잘할 수 있는, 자신의 장점을 발현할 수 있는 직업을 구할 수 있고, 본인이 하고 싶은 일에 맞는 흥미와 장점을 업무에 적극적으로 적용할 수도 있다. 이는 직업을 구하는 사람들에게 흔히 하는 질문인 '잘하는 일을 할 것이냐', '좋아하는 일을 할 것이냐'와 일맥상통하는 얘기일 것이다.

그다음으로는 자신이 뭘 원하는지를 명확히 파악해야 한다. 이 글을 읽고 있는 취준생들 중 본인이 원하지 않는 전공을 선택해 대학교를 졸업한 분들이 계시다면 잘 이해하실 것이라 생각한다. 수능 시험 봐서 전공은 고려치 않고, 점수에 맞는 학교, 전공을 택한 경우, 대학 생활 내내 고달프고, 힘들고, 적응하기 힘들었을 것이다. 심지어 등록금을 내고 다니는 학교도 그럴진데, 돈을 받고 일을 해야 하는 회사는 어떨까? 더이상 말하지 않아도 답은 알 것이다. 그런 의미에서 스스로에게 진솔하게 묻고, 답해 보자. 내가 정말 좋아하고, 원하는 것이 무엇인지, 그 일을 하고 싶은 의지가 있는 건지를 말이다.

또 한 가지는 본인에게 아쉬운 것이 없는지 잘 살펴보자. 본인이 가정에서 가장 노릇을 해야 하는 상황이고, 적성이나 흥미 같은 건 중요치 않은 경우도 있을 것이다. 그런 경우 본인이 다소 꺼리거나 본인의 적성을 고려치 않고, 급여가 높은 직장을 택해야 할 경우도 있다. 하지만 그런 절박한 일부의 경우를 제외하면, 외로움을 많이 타서 사람들과 끊임없이 교류해야 하는 취준생의 경우 급여 수준을 고려하기보다 사람이 많고, 동료와 커뮤니케이션을 자주 해야 하는 직장을 선택하는 것이 바람직하다. 결국 본인이 궁한 부분, 절박한 점에서 결핍이 나타나고, 이를 충족시켜 줄 수 있는 곳이 최선을 다할 수 있는 직장이기도 하다.

마지막으로 본인이 할 수 있는 것, 잘하는 것, 하고 싶은 것들의 우선 순위를 정해 보자. 자신만의 역량을 발휘해 할 수 있는 분야가 무엇인지 우선 순위를 파악해 보고, 잘하는 것, 하고 싶은 것들도 우선 순위를 부여해 보자. 그리고 각각 순위가 정해진 목록의 상관관계를 살펴 '내가 정말 하고 싶고, 할 수 있는 일'이 무엇인지 생각해 보자. 이는 어느 누구도 해결해 줄 수 없고, 어느 누구도 결정할 수 없으며, 심지어 부모님이라도 제대로 파악하지 못하고 있는 경우가 대부분일 것이다.

자, 이제 자신과의 대화를 나누어 보자. 내가 뭘 좋아하지? 내가 뭘 잘하지? 내 장점과 단점은 뭐지? 등등의 질문을 스스로에게 진지하게 던져 보고, 답하다 보면 본인이 하고 싶은, 해야 하는 일을 찾을 수 있을 것이고, 이런 일을 할 수 있는 회사를 찾기만 하면 된다. 혹자는 말로 하기는 쉽지만, 실제 취업 관문은 낙타가 바늘구멍 들어가듯 힘들다며 현실을 인지하지 못한 공상가의 허언이라 할 수 있겠지만, 장기간 면접관으로 활동해 온 필자가 피면접자들에게 늘 안타까웠던 점들은 다름 아닌 자기 자신을 잘 모르는 수동성이었기에 이런 조언을 조심스럽게 해 본다.

자신을 들여다보고, 자신의 목소리에 귀 기울이다 보면 자기 자신의 만족도를 높이고, 회사의 성과를 높일 수 있는, 상호 윈윈할 수 있는 행복한 결과가 도출되지 않을까 생각해 본다.

취업 준비를 하기 전에 생각해 봐야 할 것들
- 4Why

학창 시절 선생님께서 하시던 단골 질문 중 하나가 '너희들 장래 희망은 무엇이니?'였다. 초등학교 저학년 때에는 참으로 다양하고, 기발한 장래 희망이 나왔지만, 나이가 들어 갈수록, 학년이 높아질수록 점차 장래 희망을 선뜻 대답하기 어려워졌고, 그나마 겨우 대답할 수 있는 것은 어느 대학에 가고 싶다는 학교 이름 정도였다. 중학교, 고등학교에 진학하면 입시 공부에 매달려 암기하고, 시험 문제를 푸느라 장래 희망이 무엇인지 생각하는 것은 사치라 생각하게 되었고, 닥공(?)을 하며 이게 현실이라 스스로 위안을 삼아 왔다.

그렇게 열심히 공부에만 전념하여 대학에 진학하게 되면 소위 말하는 스카이(서울·연·고대)에 입학한 똑똑한 수재들도 대학 입학 이후 무엇을 해야 할지 목표를 상실하고, 방황하게 된다. 나는 누구고, 여기는 어디인가 하며, 어리둥절해하다 남학생들은 군대로 가고, 여학생들은 입시를 준비하던 초중고 시절과 다름없이 학점 관리를 하며 대학 4학년을 보내게 된다.

　필자가 대학 졸업반이 된 친구들을 면접 보거나 누군가의 부탁으로 상담을 해 줄 기회가 종종 있어 그들과 대화를 나누다 보면, 대학 졸업반 친구들 대부분이 초중고 시절 대학교 진학을 목표로 닥공하던시절의 사고에서 크게 벗어나지 못하고 있는 경우가 다반사다. 초등학교, 중학교, 고등학교, 대학교, 그리고 대기업 입사. 이 코스가 당연히 가야 할 과정이고, 대기업 입사가 마치 정규 과정의 마지막 종착지인 것처럼 생각하고 있는 경우가 많다. 나를 받아 줄 대기업, 대학교 입시에서 본인의 수능 점수에 맞는 대학에 지원한 것처럼 본인의 역량에 맞는 대기업으로 진학하고 싶어 하고, 수능 성적처럼 면접은 객관화된 점수가 아니고 주관적인 프로세스라 기왕이면 본인의 역량보다 한 단계 높여 입사하고 싶어 한다.

　요즘은 스타트업으로 창업도 가능하고, 기존의 산업 틈새시장을 노려 자영업도 가능하건만 거의 대부분이 대기업 입사만을 고대하고 있다. 마치 모든 인문계 고등학생들이 서울대에 진학하고 싶어하는 것처럼 말이다.

　필자의 경우 면접 전형에 참석하면 '왜 취업을 하고자 하는지?'부터 질문한다. 사회에 나가는 방법은 여러 가지가 있는데, 군이 왜 취업을 택하는지부터 물어보는데, 대부분은 그냥 대학 졸업하니까 취업을 해야 하지 않겠느냐는 식의 대답이다. 다소 실망스럽긴 하지만, 그건 그렇다 치고, 두 번째 질문으로 넘어가서 '왜 대기업에 취업하고 싶은가?'를 물어보면, 그때는 다소 구체적이 된다. '돈을 많이 벌고 싶어서', '복지가 좋아서', '안정적으로 수입을 확보할 수 있어서', '폼 나니까', '부모님의 자랑스런 자식이 되기 위해서' 등이다. 이건 마치 초등학생에게 '장래 희망이 뭐예요?'라고 물어봤는데, '저는 부자가 되고 싶습니다'라고 대답하는 격이다.

뭐 그것도 그러려니 이해하고 넘어가 봤다. 왜냐하면 필자도 대학 졸업할 때 그랬었으니까. 다른 질문을 해 봤다. "대기업에 입사해서 무엇을 하고 싶으세요?"라고 물어보면 확신에 찬 어조로 "A 직무를 하고 싶습니다"라고 대답을 한다. 근데, 질문을 좀 틀어서 "우리 회사는 A 직무의 T/O가 없어서 그런데 B 직무는 관심이 없으세요?"라고 물어보면, 또다시 자신 있게 "B 직무도 가능합니다"라고 대답한다. 잉? 그래서 다시 한번 "아, 그럼 혹시 이번에 C직무가 T/O가 많아서 그런데, C 직무는 어떠세요? 말씀하시는 거나 관심사가 제가 보기에 C 직무하고 더 어울릴 것 같은데…"라고 말하면, 기다렸다는 듯이 "C 직무도 저한테 잘 맞을 것 같고, 가능할 것 같습니다"라고 당당하게 대답한다.

이 지원자는 도대체 어떤 일을 하고 싶은 걸까? 그냥 좋은 대학에 진학하듯이 좋은 회사에 입사해 부모님의 자랑, 자신의 프라이드를 세우고 싶은 걸까? 정말 회사에서 이 지원자를 놓치고 싶지 않고, C 직무에 잘 어울릴 것 같아 순수하게 묻는 경우도 있지만, 면접이 종료된 이후 '저 지원자가 과연 C 직무를 할 수 있을까? 입사해서 회사를 잘 다닐 수는 있을까?' 하는 의심부터 들어 결국 좋은 결과로 끝나지 못하는 경우가 많다. 취업을 준비하는 취준생과 대화를 하다 여기까지 대화가 흘러오면, 취준생이 필자에게 다시 반문한다. "그럼 'A 직무가 T/O가 없고, C 직무밖에 T/O가 없다는데, 저는 죽어도 A 직무만 해야 하니, 이 회사의 면접은 의미가 없어 나가 보겠습니다'라고 해야 하나요?" 음~~ 그 말도 맞는 말이긴 하다.

면접이라는 과정은 지원자의 사정이나 변명을 듣는 자리가 아니다. '그럼 어쩌라는 건가요?'라고 묻기 전에 '나는 A 직무를 어떤 계획으로 어떻게 할 것이고, 이를 위해 어떤 준비들을 해 왔으니, 제가 바로 그 일을 할 적임자입니다'라고 면접관들을 설득해야 하는 것이 면접이다. 자신이 그토록 준비하고, 고대하던, 평생 해야 할 직무로 생각하는 A 직무를 할 수 없다면 A 직무를 할 수 있는 곳에서 일을 시작해야 하는 것이 맞지 않을까?

1. 왜 취업을 해야 하는가?
2. 왜 이 회사에 입사해야 하는가?
3. 왜 이 직무를 하고 싶은가?
4. 왜 이 직무에 내가 아니면 안 되는가?

위에 말한 [4 Why]만 깊이 고민하고, 자기 확신을 가지면 취업을 준비하고, 면접에 임해 어이없이 탈락하지는 않을 것이다. 학교에서 시키는 하기 싫은 공부하고, 받은 점수에 맞춰 대학교에 진학하듯 여기저기 면접 보며 나의 역량(그 역량이라는 것의 실체도 사실 잘 모르겠다.)에 맞는 회사를 여기저기 기웃거리며 수동적으로 끌려 다니는 일은 피할 수 있지 않을까 생각한다.

니가 진짜로 원하는 게 뭐야?

　예전에 필자가 대학 다닐 때였던 것 같은데, 지금은 고인이 되신 신해철 님의 노래 제목 중에 '니가 진짜로 원하는 게 뭐야?'라는 노래가 있었다. 필자가 학교 다닐 때 그 노래를 들은 이유는 노래 가사 보다는 멜로디가 좋아서였고, 가사라고 한다면 고작 제목 정도가 기억날 뿐이다. 왜냐하면 제목 자체가 당시로서는 너무 파격적이고, 특이했기 때문이다. 그런데 요즘 이 제목과 같은 말을 들려주고 싶은 사람들이 생겨 이 글을 써 보게 되었다.

　회사에서 면접을 하며 지원자들과 대화를 나누다 보면 저 지원자들이 도대체 원하는 게 뭘까? 이 회사가 정확하게 뭐하는 회사인지는 알고 지원한 걸까? 본인이 하고 싶은 일은 무엇인지 본인은 알고 있을까? 스스로 말을 하면서도 어떤 의미의 이야기를 하는지는 알고 있는 걸까? 일을 시작해서 궁극적으로 본인이 목표로 하는 것은 무엇인지

'깊게' 생각은 해 봤을까?

물론, 사람에 따라 '깊게'라는 말의 의미는 다를 수 있다. 이미 직장 생활을 20년 이상 한 필자 같은 사람이 생각하는 직업에 대한 '깊이'와 이제 대학을 갓 졸업하고, 사회에 나오려고 하는 취준생이 생각하는 직업에 대한 '깊이'는 단어만 같지 내용은 전혀 다를 것이다.

조직에서, 특히 대기업에서 면접장에 들어오는 면접관들은 최소 10년 이상의 경력을 가진 사람들일 것이다. 면접관으로서 면접장에 들어온 사람들이 각자 자신의 밥벌이인 직업에 대해 어떻게 생각하는지에 대한 고민을 취준생들이 한 번쯤 더 해 봤으면 좋겠다. 나 자신보다, 때로는 가족들보다 더 중요하다고 생각하기도 하고, 본인이 담당하고 있는 직무 자체에 대해 더 절박하다고 생각하는 것이 그들의 직업이기 때문에 그분들이 생각하는 정도의 깊이까지는 아니더라도 직무에 대해 꽤나 깊은 생각을 하고 면접에 임하게 되면 면접관들과 '대화'가 비교적 잘 통할 것이라 생각한다.

'내가 왜 이 일을 해야 하는지', '내가 이 일을 통해 무엇을 이루고자 하는지', '왜 반드시 이 일을 해야만 하는지', '이 직업을 갖지 못하게 되면 어떤 일을 겪게 되는지', '이 회사의 이 직무를 잡지 못하면 차선책으로 어떻게 할 것인지' 등등의 고민 정도는 해 보고 면접장에 들어왔으면 좋겠다. 종종 어떤 지원자들은 '이 회사에 입사를 못하게 되면 내

년에도, 후년에도 될 때까지 계속 지원하겠습니다', '이 회사에 뼈를 묻 겠습니다', '저는 무조건 이 회사에서 이 일을 해야 겠습니다' 등의 막무 가내식 떼를 쓰는 경우도 있다. 하지만 이제 이런 멘트는 나이 지긋하 신 선배님들에게서나 들을 수 있는 고전이 되어 버렸고, 더 이상 대기 업의 면접장에서는 통하지 않는 멘트다. 과거 선배들이 입사지원 할 때와 같이 의지의 표현이라고 생각되지도 않고, 오히려 다소 무모하 고, 계획이 없어 보이기 때문이다.

회사에 지원하기 전에(자기소개서를 작성하기 전이나 면접장에 들 어가기 전) 내가 진짜로 원하는 게 뭔지, 회사에서 나한테 진짜로 원하 는 게 무엇일지 단 며칠만이라도 진중하게 고민해 보길 바란다.

요즘 면접 지원자들을 보면 대부분 질문에 답하는 훈련을 열심히 하고 와서 질문에 대해 막힘없이 술술 답은 잘한다. 하지만 지원자들 의 대답을 듣다 보면, 질문의 취지도 제대로 이해하지 못한 채 즉각 즉각 답변하는 모습을 보면 안타까운 생각이 든다. 내가 저런 지원자 와 함께 일할 수 있을까? 저런 지원자에게 업무를 지시하면 본인만의 생각을 가지고, 깊이 있는 결과물을 가지고 올 수 있을까? 적잖은 우 려가 들어 결국 합격을 시키지 못하고, 아쉬워했던 경험이 상당히 많 았다.

이 글을 읽는 취준생들에게 제안해 보고 싶다. "내가 진짜로 원하는 게 뭘까?"라는 질문만을 가지고, 일주일만이라도 오롯이 혼자 여행을 떠나 심도 있게 고민해 보는 것은 어떨까?

직장 선택의 기준

자료에 의하면 청년 실업자는 40만을 훌쩍 넘었고, 청년 실업률[1]은 10%가 넘었다고 한다. 이는 아주 심각한 사회 문제로 대두되고 있다.

경기 침체, 실업률 상승, 청년 실업, 불황과 같은 단어들이 경제와 관련된 단어 중 최근 아주 뜨겁게 떠오르고 있는 단어들이다. 인사 분야에서 꽤 오래 종사해 온 필자로서는 청년 실업 문제가 유독 신경에 거슬리는 단어다. 대기업에서 신입사원을 채용할 때면 스펙도 뛰어나고, 실력도 출중한 젊은이들이 대거 몰리는 모습을 보며 요즘 청년 실업이 정말 심각하구나 하는 것을 체감하고 있기는 하다. 그런데 정말 대한민국에 젊은이들이 취업하고자 하는 일자리가 절대적으로 부족한 걸까?

---

1 청년 실업률: 15세~29시의 경제활동 인구 중 실업자 비율

통계에 따르면 전체 대학 졸업자 중, 4년제 대학 졸업자의 비율이 70% 이상된다고 한다. 그들은 모두 사무직으로 일하고자 하는 기대 이익을 가지고 있을 것이고, 이러한 기대 이익은 본인뿐 아니라, 부모님이나 애인, 친구들까지 주변의 모든 사람들이 같은 기대를 갖고 있을 것이다. 그러면 그들은 단순히 사무직으로 일하고 싶어서 취업을 못하는 것일까?

필자가 아는 중견, 중소기업의 경영자들은 사람 구하기가 여간 어려운 게 아니라고 하소연한다. 뿐만 아니라, 어렵게 채용을 해도 시간이 지날수록 대기업으로 이직을 위해 스펙을 쌓는 것이 보여 이 직원을 지속적으로 육성해야 할지, 이직할 것을 염두에 두고, 정(情) 주지 말고 적당히 근로계약 관계로 일만 시켜야 할지 딜레마에 빠진다고 한다.

취준생들이 종종 필자에게 하는 질문이 있다. 끝까지 취업이 안 되더라도 대기업 입사를 준비하는 것이 좋을지, 아니면 졸업할 때까지만 해 보고 안 되면 중소/중견기업에라도 입사를 해야 할지의 선택지가 바로 그것이다. 그럴 때마다 필자는 '개인의 성향, 능력에 따라 case by case로 다를 것 같다'고 지극히 고리타분한 답을 해 주곤 한다.

정말 개개인별로 선택지에 따라 지향하는 목표가 다를까? 필자가 이 글을 쓰게 된 결정적 이유 중 하나가 되었던 책인데(책 제목은 잘 기억이 나지 않지만, 신입사원들의 직장 생활을 위한 조언을 담은 책이었던 것으로 기억한다.) 그 책의 챕터 중 하나가 '대기업을 선택하라'였다. 그 책을 읽을 때, 이미 대기업에 다니고 있던 필자로서는 '그럼 난 선택을 잘한 건가?' 하고 웃었던 기억이 난다.

그런데 대기업에서 20년 넘게 직장 생활을 해 보니, 직장인으로 일할 생각이면 대기업에서 일을 시작하는 것이 좋다는 그분의 말씀이 맞다는 생각은 든다. 연봉이나 복지뿐 아니라, 회사 시스템 등 큰 그림에서 볼 수 있다는 장점이 있고, 눈 앞에 보이는 이익보다 향후 먹거리를 고민하고, 찾아보는 방법도 배우게 된다. 헌데, 작금의 시기에 나타나는 청년 실업의 문제는 대졸자 대다수가 대기업 입사를 목표로 취업을 준비하고 있고, 만약 대기업에 취업이 안 된다면 자신의 역량에 맞는 중견, 중소기업에 지원하기보다 놀면서 대기업 입사 재수, 삼수를 노리며 취업 준비만 한다는 것이다.

답답한 마음에 필자가 몇몇 취준생들에게 물어보았다. 당연히 대기업에 들어가 좋은 처우를 받고, 좋은 환경에서 많은 것들을 배우고 싶은 마음은 알겠는데, 취업을 재수, 삼수 하면서 백수로 지내면서까지 역량이 닿지 않는 대기업에만 매달릴 필요가 있느냐고 물었다. 그런데 그들의 대답이 다소 놀랍기도 하고, 마음에 공감이 가기도 해 짠한 마음이 들기까지 했다. 그들의 말인즉, 자기의 생각도 문제가 있겠지만, 부모님의 기대, 친구들의 시선, 주변 사람들과의 비교 이런 것들이 본인을 대기업 취업에 매달리게 한다는 거다. 자기와 비슷한 스펙에, 같은 학교, 같은 전공을 졸업한 친구가 대기업에 입사한 상황이라면, 본인뿐 아니라 주변의 시선 때문에라도 그보다 규모가 작은 회사에 입사하기가 자존심 상하고, 힘들다고 한다.

대화가 이쯤 되면 객관적으로 실업 현상을 바라봐야 하는 필자의 입장에서도 마음이 짠하지 않을 수 없다. 사법 시험을 공부하다 도저히 안 돼서 포기하고, 부모님의 기대를 저버리며 취업을 한 청년이었던 필자의 비참했던 모습도 떠오르고, 나 혼자 낙오자, 패배자가 된 것처럼 느꼈던 당시의 감정이 떠오르기 때문에 고민하고 있는 취준생들을 무턱대고 비난만 할 수 없는 입장이다. 특히, 주변 사람들이 자기의 미래를 책임져 주지 않기 때문에 그냥 역량에 맞는 직장에 입사해 회사를 대기업으로 키우면 되지 않느냐는 등의 교과서적이고, 교훈적인 말을 하는 것 또한 공감 의식이 떨어지는, 무책임한 말인 것 같아 차마 그렇게 말하지 못하겠다.

그런데 이렇게 조언하는 필자 역시 결국은 제3자일 뿐이다. 만약에 필자가 그 입장이었다면 마음 아프고, 쓸쓸하긴 하지만, 결국 내 역량에 맞추어 직장을 선택했을 것이고, 그 안에서 최선을 다하고 있었을 것 같다. 부모님께서 대기업에 한 번 더 도전해 보라 하고, 주변에서도 너는 1년만 더 취업을 준비하면 대기업에 취업이 될 것 같다고 부추겨도 필자의 인생은 아무도 책임져 주지 않기 때문에 필자 스스로 판단해 자신의 역량을 가지고 취업할 수 있는 직장에서 일단 일을 시작했을 것 같다.

어떤 취준생은 자기 친구들은 다 대기업에 입사를 했는데, 본인만 대기업에 들어가지 못해 그럴 바에야 아예 취업을 안 하겠다고 말하기도 한다. 필자는 이런 발상은 너무 위험하고, 극단적이지 않느냐고, 적당히 현실과 타협하는 게 어떻냐고 달래고 타이르기도 했었지만, 이런 노력조차 당사자에게는 상처가 되지 않을까 조심스러웠다.

취준생들에게 '인생은 길고, 앞으로는 100세 인생이 될 것이니, 현재는 아무것도 아니다', '자신의 능력을 앞으로 발휘하기 나름이니, 회사를 스스로 키워 봐라'라는 틀에 박힌 독려는 사실 비현실적이고, 공감을 이끌어 내기가 불가능하다고 생각해 그런 말은 접어 두겠다. 하지만, 단 한가지 분명히 해 두고 싶은 건 있다. 자기가 살아가는 인생은 자기 것이고, 선택도, 책임도 본인이 져야 한다. 되지 않고, 될 것 같지도 않은 결과에 매달리지 말고, 현실을 직시해 본인에게 맞는 커리어를 개발해 나갔으면 좋겠다. 부모님 말씀, 친척들의 비교 모두 감당해 내기 어려울지 모르지만, 최소 자기 스스로 주변 친구와 비교해 자기 인생에 대해 무책임하게 손 놓아 버리고, 될 대로 되라는 식으로 대기업 입사만 고집부리지 않길 바란다.

기업이 공개하지 않는 채용 조건

　　기업들은 채용 프로세스를 진행하기 위해 많은 기준들을 가지고 서류 심사 및 면접에 임한다. 출신 학교, 성적, 영어 점수 등 객관적인 자료를 통해 공개적 기준으로 삼는 경우도 있지만, 자기소개서 내용, 역량, 인성 등 주관적인 기준을 제시하며 채용 기준을 밝히기 꺼려하는 항목도 있다. 이에 대해 채용 포털 사람인에서 336개 기업을 대상으로 채용 기준에 대해 조사를 한 결과를 공유해 보도록 하겠다.

"기업 42%, 채용 시 지원자가 모르는 자격조건 있다"
- 비공개 자격조건이 충족되지 않아 탈락, 38%

　　기업 5곳 중 2곳은 신입사원을 채용할 때 채용 공고에 공개하지는 않지만, 평가에 반영하는 자격조건이 있는 것으로 나타났다.

구인구직 매칭플랫폼 사람인이 기업 336개사를 대상으로 '비공개 자격조건'에 대해 조사한 결과, 42%가 '비공개 자격조건이 있다'라고 답했다.

그렇다면 과연 기업은 무엇을 지원자가 모르게 평가하고 있을까?

1위. 나이 (52.5%, 복수응답)

2위. 인턴 등 경험 (28.4%)

3위. 거주지역 (27%)

4위. 성별 (24.8%)

5위. 전공 (19.9%)

6위. 학력 (19.9%)

7위. 자격증 (19.1%)

8위. 외모 (15.6%)

9위. 결혼 여부 (14.9%)

10위. 학벌 (10.6%)

11위. 군필 여부 (8.5%)

12위. 체력 (7.8%)

13위. 어학성적 (6.4%)

14위. 학점 (5%)

15위. 종교 (4.3%)

그렇다면 기업이 실제 평가에 반영하는 자격조건들을 비공개로 하는 이유는 무엇일까?

1위. 절대적 기준은 아니라서 (50.4%, 복수응답)

2위. 굳이 밝힐 필요가 없어서 (43.3%)

3위. 법적으로 금지된 조건이라서 (32.6%)

4위. 회사 이미지에 부정적인 영향을 끼쳐서 (19.1%)

5위. 공개 시 지원자 감소가 우려돼서 (9.9%)

비공개로 평가하고 있는 자격조건이 당락에 미치는 영향은 평균 41.7%인 것으로 집계되었고, 비공개 자격조건이 충족되지 않아 탈락시키는 경우도 38.2%나 됐다.

그렇다면, 기업이 채용 공고에 명시하는 필수 또는 우대 조건은 어떤 것이 있을까?

우대조건이 있다는 기업은 전체 응답기업(336개사)의 67%였고, 필수조건이 있다는 기업은 30.4%였다.

우대조건은

1위. 자격증 (48.9%, 복수응답)

2위. 전공 (38.7%)

3위. 인턴 등 경험 (31.6%)

4위. 거주지역 (21.8%)

5위. 어학성적 (12.9%)

6위. 학력 (12%)

7위. 나이 (8%)

8위. 수상 경력 (5.3%)

9위. 군필 여부 (4.9%)

10위. 성별 (3.6%)

11위. 학벌 (3.6%)

필수 조건은

1위. 자격증 (33.3%, 복수응답)

2위. 전공 (32.4%)

3위. 학력 (25.5%)

4위. 인턴 등 경험 (13.7%)

5위. 나이 (11.8%)

6위. 거주지역 (10.8%)

7위. 어학성적 (10.8%)

8위. 군필 여부 (8.8%)

9위. 결혼 여부 (5.9%)

10위. 성별 (4.9%)

11위. 학벌 (2.9%)

    기업에서는 꺼려하기도 하고, 예민한 문제라 현직자인 필자 입장에서도 공개적으로 전하기 곤란한 부분이 있었는데, 취업포털 '사람인'에서 설문조사를 통해 밝혀 준 내용이라 취준생들의 취업 준비에 도움이 되고자 인용을 했다. 다수의 인사담당자가 설문을 통해 밝힌 내용이기도 하고, 필자 또한 위 설문 조사 내용에 상당히 공감을 하는 바이기 때문에 이 정도 사실은 염두에 두어도 좋을 것 같다.

기업은 어떻게 말하는 입사지원자를
채용하고 싶을까?

신입사원 채용 기간에는 다양한 스타일의 신입사원들을 만날 수 있다. 특히, 밀레니얼 세대가 입사하고 있는 요즘, 필자를 비롯해 기성세대 면접관들로서 이해하기 어려운 성향의 신입사원 입사지원자들을 면접에서 만나곤 하는데, 면접관의 입장에서 몇 가지 유형으로 신입사원 입사지원자들을 구분해 볼 수 있다. 필자가 개인적, 주관적 관점으로 구분하고 있는 입사지원자들의 유형을 살펴보고, 그들 중 어떤 유형의 입사지원자들이 채용 시장의 면접 전형에서 유리할 수 있는지 생각해 보았으면 좋겠다.

면접 평가 시, 면접관들은 인성평가 결과지, 적성 평가 점수와 같은 객관적 자료 외에도 피면접자들이 말하는 태도, 말투, 내용 등의 정성적인 부분들을 보고 판단하는 경우가 많다. 피면접자들이 평소 갖고 있는 생각, 지식, 가치관들을 언어적, 비언어적 방법을 통해 면접관들이 채용 여부를 판단하게 되는데, 그중 피면접자들이 말하는 유형을 구분해 보면 아래와 같다. (순전히 필자의 주관적인 기준이니, 오해하지는 말기 바람)

1. 편하게 대화하듯 말하는 지원자
2. 예의 바르고, 깍듯하게 말하는 지원자
3. 긴장하고, 어려워하며 말하는 지원자
4. 적극적으로 대화를 주도하는 지원자

필자가 경험한 피면접자들의 대다수는 3번 유형이었던 것 같다. 심지어 질문에 대한 답변도 잘 하지 못해 땀을 뻘뻘 흘리는 지원자도 있었고, 말을 더듬거리며 횡설수설하는 지원자도 있었다. 2번 유형의 지원자들이 3번 유형의 지원자 다음으로 많았고, 상대적으로 1번과 4번 유형의 지원자들은 많지 않았으나, 근소한 차이로 4번 유형의 지원자들이 1번 유형의 지원자들보다는 더 많았던 경험을 했다.

이 중 어떤 사람이 면접관들로부터 호감을 살 수 있을까? 필자가 생각하는 정답부터 밝히자면 1번 유형의 지원자가 면접관들로부터 가장 선호받는 경향이 있다. 왜냐하면 회사에서 직원을 채용한다는 것은 같이 일할 직원을 선발하는 절차로, 회의를 통해 함께 커뮤니케이션하고, 업무를 지시하기도 하며, 업무 결과물을 피드백 하기도 해야 하는데, 상대방이 나를 어려워해 말도 잘 걸지 못하고, 눈도 마주치지 못하며, 쭈뼛쭈뼛 긴장만 한다면 상사는 어떤 생각이 들까? '내가 권위적이고, 꼰대 같은가?', '내가 사람을 불편하게 하나?', '나를 사무적인 직장 동료 정도로만 생각하나?'와 같이 부정적인 생각이 들 수밖에 없다. 사실 직장 상사들이 늘 자신감 있고, 직장 내 갑(甲)처럼 보이지만, 그들의 속마음은 스스로 나이 많은 꼰대라고 생각해 위축되는 경향도 있고, 시대에 뒤떨어져 신입사원들이 본인을 싫어한다고 걱정하고 있을 수도 있다는 점에서 상상하는 것보다 대인 관계에서 많이 눈치를 본다. 특히 신입사원들을 대하는 경우에는 본인의 태도나 말투 등에 더욱더 신경을 쓸 수밖에 없다.

피면접자 입장에서 보면 면접장의 엄숙한 상황에 긴장할 수밖에 없고, 면접관이 어려울 수밖에 없다. 그 순간에는 자신의 회사 입사 여부를 결정짓는 사람들이 면접관이고, 회사에 입사한다는 것은 자신과 가족의 생계와 미래가 달린 일이기 때문에 면접 상황이 어렵고, 불편할 수밖에 없다. 하지만, 같이 일할 사람을 구하는 면접관의 입장은 어떨까? 대화가 잘 통하고, 직무에 대한 관심과 열정 있는 지원자가 눈길이 한 번 더 가고, 이쁘지 않겠는가? 면접관들에게도 회사는 생계를 유지하는 장소이고, 하루를 꼬박 보내야 하는 장소이기 때문에 본인의 일을 공유하기 편하고, 업무 외 교류 및 어울림에 부담이 없는 동료와 일하고 싶을 것이다. 게다가 요즘처럼 나이가 많아 직책을 내려놓게 되면, 정년이 도래할 때까지 본인보다 나이 어린 직책자의 지시를 받아 일을 해야 하는 환경에서 면접관이 피면접자를 선발하는 관점이 예전과 비교해 달라질 수밖에 없다.

필자가 면접 시, 종종 하는 질문이 있다. '부모님과 대화를 자주하고, 친하십니까?' 이 질문은 신규로 입사하고자 하는 신입사원들이 연장자인 선배들과 얼마나 의사소통을 자연스럽고, 편안하게 할 수 있는지를 간접적으로 확인하고자 하는 질문이다. 면접관은 이 같은 면접 질문에 대해 피면접자가 단순히 '네'나 '아니오'로 답하는데 만족하는 것이 아니라, 부모님과 어떤 대화를 하는지, 어떤 상황에서 대화를 하는지, 하루에 전화는 몇 번이나 하는지 등 진실 여부를 확인하기 위해 구체적인 질문들을 더 쏟아붓게 된다.

이렇듯 자세하게 탐침 질문을 해 채용했음에도 불구하고, 그 피면접자가 면접 전형을 통과해 회사에 정직원으로 입사하고 나면 갑자기 돌변하는 경우도 종종 있다. 상사와의 대화를 꺼리고, 같이 일하는 동료들을 회피하기도 하며, 묻는 말에 수동적으로 대답만 하기도 한다. 그런 상황이 벌어지면 면접관이었던 상사는 그 신입사원에게 묘한 '배신감(?)'을 느껴 마음을 주지 않게 된다.

회사 입사를 위한 채용 면접은 입학 시험과 다르다. 입사 면접만 빡세게(?) 준비해 면접 전형을 통과하면 만사가 다 해결될 것 같지만, 오히려 그 이후의 직장 생활은 근 30년 가까이 지속되고, 그들의 생활 자체가 되기 때문에 이런 상황은 면접을 진행했던 면접관 상사나 피면접자였던 신입사원 모두 스트레스로 인간관계에 어려움을 겪게 된다.

일단, 입사 면접 전형을 통과하려면 면접 시, 면접관들과 편안하게 대화할 수 있는 태도와 역량을 준비하도록 하자. 면접관들의 입장에서 긴장하고, 자신을 어려워만 하는 신입사원을 예의 바르다고 생각하던 시대는 지나가고, 친밀하게 의사소통할 수 있는 상대가 오히려 호감을 주는 시대가 되었다. 시대는 변했는데, 왜 면접 방식만 20년, 30년 전의 방식을 따르려 하는지 한 번 더 고민해 보길 바란다.

어떤 사람이 대기업에 입사했을까?

필자가 취준생들로부터 자주 받는 질문 중 하나가 '대기업은 어떤 사람들을 채용하나요?'이다. 누구나 쉽게 할 수 있는 질문이다. 아마 이 글을 읽는 취준생들도 회사의 취업 설명회, 취업특강 등을 통해 인사 담당자 또는 취업 전문가에게 한 번쯤 질문했던 경험이 있을 것이다. 과연 대기업은 어떤 사람을 채용할까?

사실 20년 넘게 인사 업무에 종사했고, 채용을 진행해 온 필자로서는 이 질문이 상당히 불편하다. 취업 관문을 통과해 직장에서 일을 한다는 것에 대해 막연히 접근하는 것 같아 안타까운 마음이 들어서일 것이다. 취업에 대해 보다 진지하고, 깊이 있게 접근을 했다면 이보다는 더 구체적으로 질문을 했을 것 같은데, 무언가 급하게 필요한 사람이 점쟁이에게 질문하듯 선문답처럼 물어오면, 필자 역시 대답하기 불편해진다.

그렇지만 또 한편으로는 취준생들이 취업을 준비하며 어디에도 올바른 조언을 구할 데 없어 발을 동동 구르고, 주변 친구들과의 정보 교류를 통해 근거 없이 왜곡된 정보를 믿고 따르는 것을 보면서 어느 순간 안타까운 마음이 들기도 한다. 그런 이유에서 이 글 쓰기가 시작되기도 했지만, 이번에는 좀 더 구체적으로 대기업에서는 어떤 사람을 채용하는지에 대해 알아보도록 하자.

2014년 3월 18일 자 한국경제 신문에서 눈에 띄는 기사를 접했다. 현대모비스 합격자를 취재한다며, 신입사원들을 인터뷰한 기사였는데, 그들이 취업을 준비하며 노력했던 것들 중 어떤 점들이 실제 대기업 입사에 주효했는지에 대해 글을 쓰고 있었다. 실제 신문 기사에 나왔던 내용이기 때문에 그대로 인용하도록 하겠다.

첫 번째 분은 자신만의 스토리텔링(Story-telling)이 중요하다고 강조하고 있고, 시각적인 자료로 본인을 드러냈다고 한다. 그리고 마지막 마무리는 재미있는 에피소드로 마무리했다. 이 분은 우리가 흔히 말하는 SKY(서울·연·고대) 졸업자도 아니고, 기계 또는 전자공학과 같은 대량의 인원을 채용하는 전공자도 아니지만, 순전히 자기만의 경쟁력으로 취업에 성공했다.

두 번째 분은 자신의 개성을 한껏 드러내 신입사원으로서의 열정과 창의성을 자신만의 경쟁력으로 꼽았다. 성사율 100% 과외 강사, 결혼식 축가 전문 가수, 문화공연 기획자 등의 다양한 경험을 바탕으로 회사의 조직문화 다양화 및 활성화에 기여할 것으로 보이고, 열정을 가진 지원자로서 직무를 부여하면 최선을 다해 해낼 것 같은 인상을 준다. 네이버 실시간 검색 1위에도 올랐다고 하는데, 이 분의 인터뷰 중, '보이는 스펙보다 지원자의 가능성'이 중요하다는 말이 인상 깊다.

세 번째로 인터뷰에 응해 주신 분은 취준생들이 흔히 알고 있는 모범적인 스펙의 소유자다. 고대 졸업, 자동차 업계에서 주요 전공으로 인정받는 기계 공학과를 전공하고, 줄곧 성실히 살아온 모습과 꾸준하고, 끈기 있는 모습을 모범적으로 내세우고 있다.

마지막으로 인터뷰한 분은 자동차 분야의 전문가로 인정받을 수 있을 만한 노력을 꾸준히 해 왔다. 교내 자동차 모형 경진대회, 임베디드 소프트웨어(Embeded Software) 공모전 참여 등 자동차와 관련된 활동을 꾸준히 해 왔고, 차선 유지 보조시스템, 스마트 크루즈 컨트롤(Smart Cruise Control), 전방 충돌방지 시스템 등 대학 입학 후 줄곧 자동차에 빠져 살았던 경험을 장점으로 내세워 자동차 부품 회사 취업에 성공했다.

보통 취준생들이 말하는 SKY(서울·연·고대) 학력, 기계/전기/전자 공학 전공, 학점, 영어 점수 등의 요소가 아닌 자신만의 스토리텔링(Story-telling)으로 본인이 이 분야 전문가가 될 수 있다는 잠재력을 보여 주고 있다. 실제로 필자가 채용 전형을 진행하다 보면 학력, 학점,

공인 어학점수 등 보이는 것들은 기본이 될 뿐이지, 그것 만으로 대기업에서 채용을 결정짓지는 않는다. 이제 바야흐로 직무 중심의 채용시장이 되다 보니, 자신만의 이야기를 가지고, 전문 분야에 몰입했던 경험을 잘 엮어 보길 바란다.

이 글을 읽는 취준생 여러분들이 가슴에 손을 얹고 한 번 생각해 봤으면 좋겠다. 내가 지원하고자 하는 회사에 대해 얼마나 알고 있고, 얼마나 절박한 마음으로 지원을 하는지, 그리고 지원하는 분야에 대해 얼마나 열정을 가지고 노력을 해 왔는지 말이다. 목표를 갖고 열정적으로 생활한 것이 아니라, 살아지는 대로, 눈 앞에 보이는 것들을 추구하며 살다가 취업 시장을 마주하게 되면서 이제야 살아온 모습을 취업에 적합한 인재로 변형시키는 것은 아닌지. 지금이라도 늦지 않았다. 본인이 무얼 하고 싶은지 진지하게 고민을 해 보고, 이를 위해 최선을 다해 노력을 한다면 이런 노력들이 헛되지 않고, 원하는 분야의 취업으로 이어질 것이다.

직장 생활에서 가장 중요한 것은 무엇일까?

　직장 생활을 하면서 가장 중요한 것은 무엇일까? 너나 할 것 없이 누구나 '돈', 조금 고상하게 말하자면 '보상', '연봉'이라고 기꺼이 답할 것이다. 그건 아마도 누구 하나 예외가 없을 것이라 생각된다.

　물론 사람에 따라 '성공', '명예', 심지어 '권력'(여기서 말하는 권력이란 정확히는 '권한'을 말하는 것 같다.)이라고 하는 사람들도 종종 보아 왔으나, 그들에게 '금전적 보상'이 제외된 '그것'들을 이야기하면 '에이~~ 그건 기본이니까 굳이 말을 안 한 거죠…'라고 대부분 웃으면 답을 회피한다. 그렇다면 결국 직장 생활에서 가장 중요한 점은 '돈'이라고 하는 '금전적 보상'이 가장 중요한 요소라는 점에 대해 대부분의 사람들이 동의할 것이다. (물론, 나이가 들고, 먹고 사는 문제가 어느 정도 해결되신, 훌륭한 인격을 가진 분들 중 재능 기부를 하시는 분들도 있겠지만, 이분들은 일반적인 직장 생활자라고 하기는 조금 어렵지 않을까?)

필자도 처음 직장을 선택할 때 '페이닷컴'이라는 웹사이트에서 회사별 초봉을 비교해 가장 연봉이 높은 회사를 가려고 노력했던 기억이 있다. 당시 대학 졸업반이었기에 회사의 기업문화, 분위기, 업종 이런 요소들은 어차피 잘 몰랐으니, 그냥 '돈'이 직장 선택의 가장 중요하고, 유일한 기준이었던 것 같다.

그럼 지금도 그런 추세가 그대로일까? 대부분의 사람들이 말하듯 '연봉 수준'이 직장 선택의 유일한 기준이며, 가장 중요한 요소일까? 이것을 판단하기 위해서는 여러 가지 상황을 우선 가정해 봐야 한다. '돈'을 많이 주지만 정말 하기 싫은 일을 해야 하는 업종인 경우, 적성과 안 맞지만 '돈'을 많이 주는 직장, 조직문화도 정말 최악이고, 같이 일하는 사람들도 마음 나눌 사람 없이 외로운 '돈' 많이 주는 직장.

필자는 오래전부터 '보상과 업무 성과', '보상과 동기 부여', '보상과 퇴사율'의 상관 관계에 관심이 많았다. 이제 필자도 직장 생활 20년이 넘어가니까 이런 가설을 어떤 방법으로 검증해 볼 수 있을까 생각해 보게 되었지만, 이 전에는 사람들과 대화하며, 공식적으로 면담을 하며 필자 나름의 다양한 방식으로 검증해 보려고 했었다.

우선, 신입사원으로 지원하려고 하는 대학 졸업반에 있는 친구들은 대부분 '연봉 수준'이 높으면 다른 요소는 별로 개의치 않겠다는 의견이 지배적이었다. 다만, 최근 직업 선택의 추세 중 다소 변화된 점은 자신의 적성이나 가치관에 일치하는 직장, 조직문화가 좋은 직장을 선호하는 경우도 많지만, 그래도 가장 기본적인 직장 선택 기준은 '연봉 수준'이다. '연봉 수준'이 높은 회사에 입사 지원하여 합격한 경우, 본인이 가고 싶어 했지만, 급여가 낮은 직장을 포기하는 경우도 많이 보아 왔다. 아마 처음으로 사회 생활을 시작하는 사람일수록 사회 생활의 고된 시간을 인내하는 것이 보상에 대한 갈증을 참아 내는 것보다 쉬울 거라 생각하는 듯하다.

다음으로 연차가 길지 않은 경력 사원의 경우, 사회 생활의 쓴맛을 본 탓일까 '돈'도 중요하지만, 자신의 가치관에 따라 움직이는 성향이 신입사원보다 강하다. 워라밸(Work&Life Balance), 일을 배울 수 있는 기회, 승진 기회를 쉽게 잡을 수 있는 직장, 또래의 동료들이 많아 즐겁게 생활할 수 있는 직장 등 남의 돈 벌기 어려움(?)을 알게 되면서 본인의 생각과 가치관에 집중하려는 경향이 슬슬 나타나기 시작한다.

몇 년 전 어느 연구 조사에서 다음과 같은 조사를 했었다. '연봉'을 유일한 직장 선택의 기준으로 삼지 않으려면 얼마의 소득 수준이면 가능할까?에 대한 조사였는데, 3~4년 전 기준으로 가정(부부 합산) 소득이 7천만 원이 넘어가면 그나마 연봉만을 직장 선택의 유일한 기준으로 삼지 않을 수 있다고 했다. 뭐 불과 몇 년 전 이야기니까 최근 몇 년간 물가 상승률이 상당히 가팔랐던 점을 감안하고서라도 연구에서 이야기한 심리적 소득 수준에는 크게 차이가 없을 것 같다.

직장 선택을 하는데 있어 지금도 여전히, 아니 앞으로도 '연봉 수준'이 가장 중요한 요소일 것 같다. 왜냐하면 직장을 구하려는 목적이 경제적으로 자립하기 위함이니까 이는 벗어날 수 없는 요소인 것 같다. 그런데 상대적으로 연봉을 충분히 많이 받는 직장인이 퇴사를 하거나 이직을 하는 경우를 보았을 때, 이제는 더 이상 '돈'만이 직장 선택의 유일한 기준이 아님을 알 수 있을 것이다. (최근 부모님들께서도 급여가 높고, 소위 말해 잘 나가는 회사를 그만둔다고 해도 예전의 부모님들만큼 뜯어 말리기보다 자식의 취향이나 선택을 존중해 주는 경우가 많아졌다.)

필자가 예전 직장에서 경험했던 에피소드를 하나 소개할까 한다. 'S' 고과를 받던, 소위 핵심 인재로 손꼽히던 직원과 대화를 한 일이 있었다. 그 직원은 인사 담당자였던 필자에게 "우리도 경쟁 회사처럼 성과급 좀 많이 주면 안 돼? 아니면 삼성전자나 현대자동차처럼 기본 연봉을 최고 수준으로 줄 수 없어? 우리 회사도 영업이익률이나 직원 수 대비 수익이 국내 최고 수준이잖아."라고 보상 수준을 높여 주길 제안했다. "김 대리는 일도 잘하고, 회사에서 충분히 능력을 인정받고 있는데, 차라리 경쟁 회사의 연봉 수준이 부러우면 그 회사로 이직하면 되지 않아? 그 회사에서도 김대리의 성과를 보면 경력사원으로 입사시키고 싶을 텐데, 굳이 여기서 성과급에 대해 불만을 갖지 말고…."라고 다소 공격적이고, 건조하게 대답을 했다. 왜냐하면 당시 우리 회사에서 'S' 고과를 받는 것보다 경쟁사에서 'B' 고과를 받는 것이 성과급이나 기타 급여에 있어 훨씬 큰 금액을 받을 수 있었기 때문이다.

그런데 그 직원의 답변이 되게 의외였다. "그 회사는 급여 수준이 높기로 이미 시장에 소문이 다 나서 정말 최고로 뛰어난 애들만 모여 있잖아. 내가 그 회사에 가면 여기만큼 인정받기는 어려울 것 같아 이직하기는 좀 망설여져. 거기 가면 그냥 평범한 'B'급 직원이 되지 않을까?"라고 진중하고, 담담하게 말했다.

그 직원은 'Real Money'보다 '인정'을 더 중요하게 생각하여 결국 '돈'을 따라 이직하지 못했음에도 그 후로 줄곧 연봉을 인상시켜 달라고 요구했다. 사실 필자도 당시 지금보다 훨씬 어릴 때여서 그 직원의 판단이 충분히 합리적이지 않다고(파격적인 보상을 하는 경쟁사로 이직을 하지 않으려는 의도) 생각을 했었던 기억이 난다. (지금은 조금 이해가 될 것도 같다.)

이와 관련해 TV 프로그램 중, '골목식당'이라는 프로를 보며 백종원 선생님의 솔루션으로 대박 히트를 쳐 돈을 많이 벌게 된 돈가스집 사장님의 인터뷰도 필자의 기억에 남는다. 그분 말씀의 요지는 '돈이 세상에서 가장 중요하다고 생각을 했고, 돈을 많이 벌지 못해 불행하다 생각했었는데, 지금은 돈보다 멀리서부터 가게를 찾아 주시는 손님들에게 너무 고맙고 미안한 마음이 든다. 지금은 돈을 버는 것보다 손님들의 사랑과 인정이 훨씬 더 중요하다고 생각해 손님 한 분, 한 분께 진심을 다하고 있다. 그동안 돈이 부족했던 게 아니라, 사람들의 인정이나 칭찬에 목말라 있었던 게 아니었을까 생각하게 된다'는 요지의 인터뷰를 들으며, 마음 한 켠에 찡한 생각이 들었다.

물론, 직장 선택에 있어 여전히 가장 중요한 요소는 '돈'이라는 생각에는 필자도 변함이 없다. 하지만, 이제 '돈'만이 직장 선택에 있어 유일한 기준이 되기보다는 자신의 적성, 가치관 등을 고려해 본인이 몰입하고, 만족할 수 있는 직장 선택을 해야 하지 않을까 입사지원자들에게 조심히 말씀드리고 싶다.

회사들이 제 전공을 찾지 않아요, 어떡해요?

가끔 취업 관련 강의나 상담 프로그램에 참여할 때면 종종 받는 질문들이 있다. '회사에서 제 전공은 찾질 않는데, 저는 어떡해야 하죠?', '취업을 하려면 반드시 경영학과, 기계공학과를 나와야만 가능한가요?', '저는 비인기 전공자이고, 채용 공고에서 찾는 전공을 보면 제 전공은 있질 않아요. 편입이라도 해야 할까요?' 한 번 강의나 상담을 가면 최소 2번 이상은 받는 단골 질문들이다. 취업하려면 반드시 그 전공을 졸업해야 하고, 그 전공이 아니면 직장 생활이 불가한 걸까?

이 질문에 대한 답은 대부분 알고 있듯 'No!!'이다. 경영학과를 졸업한 회계담당자, 경영학과를 졸업한 인사담당자, 신문방송학과를 졸업한 홍보 담당자. 일견 당연하게 보이고, 아주 자연스러우며, 보기에도 좋고, 깔끔한 느낌을 준다. 그런데 반대로 신문방송학과를 졸업한 회계담당자, 경영학과를 나온 홍보담당자는 안 되는 걸까? 정말 안 될까? 진짜 절대로 성립할 수 없는 조합일까?

다른 가정을 한 번 해 보자. 만약 정치학과를 졸업한 취준생이 대기업 채용 전형 모집 전공에 대부분 제외되어 있어 그해 대기업에 취업을 못하고, 졸업 이후 한두 해 지나 중견기업 인사담당자로 겨우겨우 채용이 됐다고 생각해 보자. 취업 후 이 직원이 정말 열심히 공부하고, 일해 인사 분야 전문가가 되었고, 시장에서 높은 가치를 인정받아 대기업으로 이직하고 싶은데, 이직이 될까? 앞서 말한 공식(?)에 따라 정치학을 전공한 IT 담당자는 어색하고, 이상하지만, 중견 IT 회사에서 개발자로 10여 년을 일한 정치학 전공의 IT 전문가를 채용하는 일은 전혀 어색함이 없다. 신입사원을 채용할 때는 대학 전공이 중요하지만, 경력사원을 채용할 때는 전공보다 경력이 더 중요하기 때문에 채용 기준이 바뀌는 건가?

인사 업무를 20년 넘게 하면서 채용에 전공 기준을 두는 것이 옳은가를 여러 번 생각해 봤었다. 물론, 연구원, 엔지니어 등 제법 높은 수준의 공학적 지식을 요하는 직무는 전공도 중요하지만, 지원 분야 직무를 하며 전문적인 전공 지식이 얼마나 필요한지는 아직까지도 잘 모르겠다. 심지어 신입사원 채용 공고에는 있지도 않은 전공자가 버젓이 그 직무의 전문가로 활동하고, 그 팀의 팀장인 경우도 있으니 말이다. 앞서 말한 정치학 전공자가 바로 필자다. 다만, 운 좋게 필자는 대기업 공채 시, 법정계열로 가까스로 입사에 성공했으나, 몇 년 후 정치학과는 당 회사의 인사 직무 신입사원 모집 전공에서 제외된 것을 보면 앞뒤가 안 맞는 것 같다. (내가 직장 생활을 잘 못해서 선배들이 저런 애 앞으로는 채용하지 말자고 전공에서 제외했나??? ㅋㅋ 그런데 아이러 니하게도 정치외교학과를 졸업한 사람이 대기업 인사팀장을 아무 문 제없이 여러 해 수행하고 있고, 오히려 인력 시장에서 인정받고, 좋은 처우를 받으며 이직도 하고 있으니 참 아이러니하지 아니한가?)

물론, 앞선 글에서 말했듯 필자도 처음 회사에 적응하기란 여간 힘 들지 않았다. 하지만 오히려 그런 결핍이 자극이 되었고, 이를 악물고 일하게 되는 계기가 되어 남들보다 더 열심히 공부하고 배워 지금은 경영학과를 졸업한 인사팀장이나 별반 차이가 없는 상태가 되었다. 처 음 입사해 전혀 접해 본 적 없던 PPT를 교육을 통해 배우고, 객관적으 로 남들보다 뒤쳐져 있음을 자각하고 저녁 늦게까지 혼자 학습하며 익 혔다. 경영학 전공자들은 인사관리 수업시간에 어설프게라도 인사 업 무를 배웠지만, 인사관리에 대한 지식이 전무했던 필자는 지식의 부족 함을 메우기 위해 일과 후에도 책을 읽고, 받은 제안서들을 공부하고, 보고서를 작성해 보면서 남들보다 더 많은 시간을 투자하고, 노력했 다. 이렇듯 결핍과 부족은 사람을 더 강인하고, 단단하게 만드는 순기 능을 하기도 한다.

다시 본론으로 돌아와 신입사원 채용 시, 정말 전공이 필수적인 요 소일까를 생각해 보자. 필자가 저연차 직원일 때 선배가 해 온 채용 공고를 그대로 비판 의식 없이 똑같이 적용했었고, 조금 목소리를 낼 수 있는 중간 관리자급일 때는 업계의 관행과 그동안 해 오던 타성에 젖어 그대로 했던 것 같다. 이제 고연차 직원이 되니 생각이 조금 바뀐다. 채용에 필요한 요소는 전공 보다 오히려 직무역량, 인성, 태도 같은 요소가 아닐까 생각된다. 최근에도 인사 전문가들과 대화를 하다 보면 대부분 이러한 의견에 공감은 하지만, 누구 하나 선뜻 이런 관행을 바꾸거나 없애려 하지는 못하는 것 같다.

이로 인한 피해와 고민은 고스란히 취준생들의 몫인데, 그들은 어떤 생각을 할까? 어릴 적 전공을 잘못 선택했다는 자괴감이 들기도 하고, 그렇게 전공의 요소가 직무를 수행하는 데 필수적인 것 같지도 않은데, 그 전공만을 고집하는 회사를 원망하기도 할 것이다. 시작은 다소 부족하고, 어려울 수 있지만, 시작점이 조금 뒤에 있었다고 반드시 결승점에 늦게 도착하는 것은 절대 아니기 때문에 상심하거나 포기할 필요는 없고, 조금 돌아가더라도 자기만의 길을 찾아 최선을 다하는 방법이 현명한 선택일 것이라 생각한다. 혹자는 '지금 당장 취업이 안 되는데 무슨 배부른 소리야?'라고 할 수도 있지만, 필자 주변에서 실제 사례들을 보면 작은 회사에서 시작해 지금은 어느 누구보다 잘 나가는 직무 전문가들이 취업 초반에 고전했다고 반드시 결과도 부정적인 것만은 아니니, 이런 결핍과 서러움을 잘 간직해 긍정적이고, 폭발적인 취업, 직무역량 개발 에너지로 전환했으면 하는 바람이다. 파이팅!!!

II
채용 전략

채용 프로세스

이번에는 일반적인 채용 프로세스에 대해 살펴보자. 대부분의 기업들이 본 채용 프로세스를 따르기는 할 테지만, 중견, 중소 기업들의 경우 채용 시스템이 잘 갖추어져 있지 않다든가 구조화된 면접 방식은 잘 모르고, 직관적인 면접관 개인 성향에 의존하는 수준이라는 차이점 정도가 있을 테지만, 우리나라 대부분의 회사들은 본 채용 프로세스를 따를 것이다.

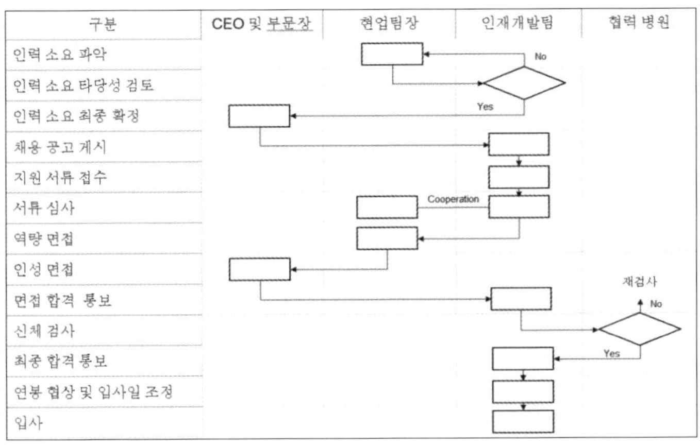

[필자 자체 제작]

1) 인력 소요 파악

중장기 및 연간 사업계획을 파악하여 사업 추진에 필요한 인력 소요를 각 팀으로부터 파악한다. 중소기업일 경우, 인사팀이나 기획팀에서 인력 소요까지 다 파악할 수 있겠지만, 대기업, 중견기업의 경우 각 현업으로부터 업무 수행에 필요한 인력의 수, 역량, 경력 등을 접수한다.

2) 인력 소요 타당성 검토

현업에서는 고(高) 스펙의 인력을 실제 필요한 인력보다 넉넉하게 요청하는 경우가 대부분이고, 인사팀은 인건비 및 인력 비율을 고려해 되도록 적은 인력을 채용에 반영하려 하기 때문에 항상 논쟁이 발생한다. 뿐만 아니라, 현업에서 요청한 인력보다 적은 수의 인력이 채용되었다면 다음 인력 소요 파악부터는 인사팀의 인력 소요 파악 단계에서 인원 수가 다소 줄어들 것을 고려하여 실제 필요한 인력보다 조금 더 많은 수의 인력 충원을 요청하게 된다. 따라서 인사팀에서는 업무의 범위와 난이도를 고려하여 적정 인력을 파악해야 한다.

3) 인력소요 최종 확정

인력 소요 파악이 완료되면 인력 소요를 최종 확정하여 경영진에게 보고한다.

4) 채용 공고 게시

인력 채용 분야, 필요 역량 수준, 인원 수, 근무지 등을 작성하여 채용 공고를 게시한다.

5) 지원서류 접수 및 서류 심사

입사지원 서류를 접수하고, 서류 심사를 통해 면접에 참석할 인원을 선별한다.

6) 역량 면접

직무별로 필요한 역량을 정의하고, 해당 역량을 지원자가 갖추고 있는지 확인하는 전형으로, CBI(Competency Based Interview)를 통해 진행한다. 역량 면접이란 과거의 경험을 토대로 미래에 발현될 역량을 추측하는 기법으로 역량을 측정, 평가한다. 이 면접 전형은 중요하기 때문에 뒤에 자세히 다루기로 하자.

7) 인성면접

아직까지 인성면접을 위한 도구라고 별도 개발된 것은 없다. 다만, 인성검사라는 필기 전형을 통해 검증하는 방법이 있기는 한데, 지금의 인성면접이라 함은 임원들이 인생 및 사회생활 경험을 바탕으로 본인의 직관을 가지고 피면접자들을 전방위적으로 확인하는 것을 인성면접이라고 한다.

8) 면접합격 통보, 신체검사, 최종 합격통보, 연봉협상 및 최종 입사일 협의

면접 합격을 통보하고, 신체검사를 받도록 안내한다. 이후 입사 전 신체검사를 통과하면 최종 합격자에게 최종 합격을 통보하고, 연봉 협상 및 최종 입사일을 협의한다.

취준생의 입장에서 고려해야 할 점은 회사의 규모나 채용시스템 수준에 따라 역량 면접 단계에서 인성까지 질문을 한다거나 인성면접에서 역량을 검증하려고 자세한 사항들을 물어보는 경우도 있으나, 이는 시스템 부재에 따른 오류이니, 다른, 차별화된 답변을 하려고 굳이 고민하고, 애쓰지 않아도 된다.

知彼知己 百戰不殆 Vol. 1

　우리가 흔히 '지피지기면 백전백승'이라고 알고 있는 한자 성어가 원래는 '손자병법 모공편'에 나오는 '지피지기 백전불태'라는 한자 성어가 변형된 말이다. 다시 말해, '나를 알고, 상대를 알면, 백번 싸워도 위태롭지 않다'는 말이 원래의 의미인 것이다.

　사람들은 흔히 대학 입시를 두고, 입시 전쟁이라 말하듯 최근에는 좁아진 취업 시장문을 통과하는 것을 취업전쟁이라 표현하고 있다. 심지어 근래의 취업시장은 입시보다도 더 어려워진 것 같다. 객관적인 점수에 따라 합격선으로 정확하게 갈라지는 것도 아니고, 취업하고자 하는 직장별로 조금씩 취업 기준이 달라 취준생들 입장에서는 취업의 관문을 통과하기가 여간 어려운 게 아니다. 가히 취업 전쟁이라 불러도 그 이름이 무색하지 않을 지경이다.

취업 시장에서도 손자병법 모공편에 나오는 '지피지기 백전불태'의 한자 성어를 적용해 보자면, 우선 취업전쟁의 상대가 누구인지를 파악해야 한다. 기업, 조직과 같은 추상적인 대상보다는 대상을 구체적으로 좁혀, 서류심사자, 면접관으로 구분을 해 보자.

첫째, 서류심사자에 대해 살펴보자. 서류심사는 대개 인사팀 중간관리자와 저(低)연차 사원, 현업의 실무담당자, 현업 팀장급 등이 그 대상자가 된다. 인사팀의 중간관리자라 하면 30대 중반 40대 초반의 나이대가 될 것이고, 아무래도 인사팀이다 보니 회사에 대한 몰입도나 충성도가 강하게 나타나는 직원일 확률이 높다. 인사팀의 저(低)연차 사원은 20대 후반, 30대 초반 정도의 나이일 텐데, 아마도 문과생일 확률이 높고, 성별은 업종에 따라 다소 차이가 있을 수 있다. 성향은 대체적으로 보수적인 경우가 많고, 조직과 상사에 대해 순응하는 경향의 사람들일 것으로 생각하면 될 것이다.

현업의 실무담당자는 30대 중반에서 40대 초반의 직무전문가일 것이고, 현업 팀장의 경우는 40대 중후반에서 50대 초반까지 생각하면 될 것이다. (물론, 이는 대기업. 그 중에서도 제조업을 중심으로 한 추론임) 이들의 성향은 지원하고자 하는 직무에 따라 다양할 텐데, R&D(연구개발)에 종사하는 연구원일 경우는 꼼꼼하고, 기술 지향적이고, 직무에 대한 몰입도와 자긍심이 아주 강할 것이다. 반면, 상하위계질서나 고리타분한 것은 싫어할 수 있다. 반면, 생산관리나 공장

에서 근무하는 직무에 지원한 경우라면 다소 직관적이고, 성과 중심적
이며, 정확, 정밀을 중요하게 생각하는 인재들이 근무를 하고 있을 것
이다. (물론, 이 역시 필자가 개인적으로 일반화한 특질들임)

입사지원자가 자소서를 작성해 친구들과 돌려 보며 서로 잘 썼다고
칭찬을 주고받는 경우에도 불구하고 서류전형에서 탈락하는 대부분
의 경우는 동세대 친구들에게는 지지를 받지만, 선배 세대에게는 공감
을 얻지 못하는 경우가 많다. 서류 심사를 하는 심사원들의 성향과 특
징을 일반적으로 인지하게 되면 그들에게 인정받을 수 있는 자소서를
작성할 수 있지 않을까?

서류 심사자들의 특징을 살펴 그들이 우수한 인재라고 생각할 만한
지원자들의 성향을 핵심 단어로 정리해 보면 도전적 성향, 창의적 인
재, 직무에 대한 관심과 열정이 있는 인재 등일 것이다. 왜냐하면 사람
의 특징이란 게 본인과 유사한 사람에게 호감을 느끼고, 본인이 부족
한 점을 상대에게서 발견하면 그 사람의 역량이 뛰어나 보이기 때문이
다. 이는 면접관이 할 수 있는 일반적인 오류지만(추후 면접관의 오류
와 관련해 다시 살펴볼 예정), 결국 서류심사자들도 인간이기 때문에
이런 판단이 오류임을 인지하면서도 되풀이하기 쉽다. 따라서 새로운
분야에 도전했던 경험이나 지원 직무와 관련하여 사업을 해 본 경험,
새로운 미지의 세계에 탐험한 경험 등이 서류 심사를 하는데 상당히
매력적이었던 기억이 있다. 서류심사자들이 다소 세대 차이는 있을 수

있지만, 대체로 취준생들의 세대와 아주 큰 차이가 없기 때문에 조금만 깊이 고민해 보면 서류전형에서 매력적인 자소서를 구성할 수 있다고 생각한다. 자기 중심적인 생각을 버리고, 서류를 심사하는 평가자의 관점에서 자소서가 잘 작성되었는지 다시 한번 보도록 하자.

취준생들이 생각하기 버거운 분야는 오히려 서류전형보다 면접전형이 아닐까 생각된다. Vol. 2에서는 면접관들의 인적 특징 및 성향에 대해 살펴보도록 하자.

III

입사지원

입사지원서 작성법 Vol. 1

취준생들이 원하는 회사에 입사하기 위해서는 서류전형을 거쳐야 하는데, 이때 작성하는 것이 입사지원서다. 사실 입사지원서를 작성하는 방법이 따로 있는 것인가, 어떤 내용을 써야 하는가도 알려 줘야 하는가 고심을 했는데, 필자가 글 쓰는 걸 직업으로 하는 작가가 아니기에 작문법을 가르쳐 주기보다는 경험적으로 접근해 실무에서 이런 입사지원서가 서류전형 심사를 하는데, 긍정적으로 작용했고, 기억에 남았다는 것을 알려 주는 선에서 정리를 해야 할 것 같다. 뿐만 아니라, 실망스러워 기억이 남았던 입사지원서는 어떤 유형이었는지도 경험을 토대로 조언을 주고자 한다.

입사지원서, 특히 자기소개서를 작성하고자 하는 입사지원자는 한 편의 에세이로 시작하는 경우가 대부분이다. 예를 들어, '저는 ○○○ ○년 ○○에서 ○남○녀의 ○번째로 태어나 부모님의 사랑을 듬뿍 받고 자랐습니다.'로 시작하는 경우가 대부분이다. 이런 경우가 잘못되었거나 문제가 있다는 건 아니지만, 그 이후로도 이런 식의 전개가 계속된다면 서류심사 하는 사람의 마음을 사로잡는 데는 실패할 확률이 높다.

입사 전형 시, 회사가 자기소개서를 작성해 달라고 입사지원자들에게 요구하는 것은 회사가 입사지원자들로부터 알고자 하는 사실이나 의견이 있기 때문인데, 지원자의 가정 환경이나 초중고를 무난히 졸업한 내용, 전공이 무엇인지가 궁금한 내용의 전부는 아닐 것이다. 질문이 '살아온 환경에 대해 500자 이내로 작성하시오'로 되어 있더라도 자라 온 환경을 에세이 쓰듯 작성하는 것이 아니라, 이 질문에 대한 글역시 회사의 취업과 관련된 사항들, 특히 직무와 연관 지어 작성해야한다. 예를 들어, 영업 직무에 지원하는 지원자라면 자신이 자라 온 환경에서 영업에 관심을 갖게 된 배경이라든지, 영업이라는 직무가 늘상자신의 생활과 연관되어 있었다는 점을 강조하고, 회사에서 이 직무를지원자에게 부여하면 자라 온 환경에서부터 우러나온 직무 기술을 발휘할 수 있다는 점을 강조해야 한다.

또한 입사지원서를 작성하는 태도도 고민해 봐야 한다. 아마 대다수의 입사지원자는 '오늘 입사지원서를 끝내야지' 하고 지원 마감일 컴퓨터 앞에 앉아 마감 시간까지 계산해 가며 생각나는 대로 글을 적어 내려갈 것이다. 하지만 입사지원서를 작성하기 이전에 선행되어야 할 것이 있다. 그 회사의 업종, 연혁, 직무에 대한 것들을 학습하고, 파악해야 한다. 이같은 내용을 파악하기 위해서는 회사의 홈페이지를 검색해 미리 학습해야 하고, 회사의 비전(Vision), 조직이 추구하는 밸류(Value), 조직문화, 인재상 등을 공부해야 하는데, 대부분의 입사지원자들의 입사지원서를 보면 이런 과정은 누락되어 있는 것 같다.

우리나라 대기업들은 업종을 불문하고, 추구하는 비전(Vision), 밸류(Value), 인재상 등이 크게 다르지 않다. 글로벌 컴퍼니(Global Company), 글로벌 톱 5, 도전, 창의, 혁신 등이 그것인데, 이들 대부분의 단어는 사실 대동소이하다. 하지만, 동일한 단어라도 그 안에 내재된 의미를 자세히 살펴보면 업종별로, 회사별로 디테일은 확연히 차이가 있을 것이다. 사실 외부인들, 특히 취준생들이 눈을 부릅뜨고 각각 단어들을 살펴봐도 그 차이를 파악하기란 쉽지 않을 것이어서 오히려 그 회사에 다니는 선배들, 오랫동안 몸담았던 그 회사 직원들을 통해 내용을 파악하는 것이 바람직할 것이다.

예를 들어, GS칼텍스에서 추구하는 도전과 현대자동차에서 추구하는 도전, SK텔레콤에서 추구하는 도전의 의미가 같을까? 업종에 따라 도전할 수 있는 분야, 도전을 통해 얻고자 하는 가치가 확연히 다르기 때문에 분명 도전의 의미는 각각 다를 것이다. 뿐만 아니라, 같은 업종이라도 회사나 조직 문화에 따라 그 의미가 상이한 경우도 있다. 예를 들어, 삼성전자가 추구하는 창의성과 LG전자가 추구하는 창의성이 동일할까? 아마, 이는 기업의 문화와 기업의 성장 과정에 따라 추구하는 가치가 각기 다르기 때문에 이 역시 동일하다 할 수 없을 것이다.

입사지원서를 작성하기 전, 본인이 지원하고자 하는 기업의 홈페이지를 면밀히 살펴보고, 회사의 연혁, 비전(Vision), 조직가치, 인재상 등을 학습해 보자. 그리고 각각 단어에 담겨있는 의미를 제대로 파악하기 위해 회사 및 직무와 관련된 기사들을 찾아보고, 가능하다면 입사하고자 하는 회사의 당 직무를 수행하는 선배를 직접 대면해 각각 단어가 의미하는 바를 물어볼 필요도 있다. 그러기 위해서는 입사지원서 마감날 저녁에 목욕 재개하고, 경건한 마음으로 컴퓨터 앞에 앉아 자기소개서를 작성할 것이 아니라, 최소 2~3주 전 입사지원서 작성을 위한 공부를 시작해야 한다.

취준생들이 흔히 하는 질문이 있다. '자소서 어디가 잘못되어 서류전형에서 탈락했을까?'이다. 어느 부분이 문제가 있길래 한두 번도 아니고, 이렇게 계속 서류전형에서 탈락을 하느냐는 푸념 섞인 질문이다. 이 같은 푸념을 듣고, 필자가 그 분들의 자소서를 꼼꼼히 살펴보아 봤자 특별히 잘못되거나 문제 있는 부분을 결국에는 찾지 못한다. 다만, 지극히 평범하고, 아무 감흥도, 감동도 없는 경우가 대부분이다. 어느 회사, 어느 직무에 지원하더라도 이상하지 않을 정도로 평범한 자소설(?)은 반대로 얘기하면 어느 곳에서도 경쟁력이 없다는 말과 같다.

각각의 자소서를 면밀히 검토한 후, 필자가 그 분들에게 물어본다. '이 회사의 조직가치나 인재상은 무엇입니까?' 대부분의 지원자들이 아예 대답을 못하지만, 아주 소수 정답을 말하는 사람조차 단답형의 정답은 알고 있지만 다시 '그 단어가 의미하는 것은 무엇일까요? 다른 회사에서 말하는 그 단어와 차이점은 무엇이죠?'라고 물으면 '그건 몰라요' 내지는 '그건 홈페이지에 없어요'라는 대답만 되돌아온다.

필자가 줄곧 강조하고 있지만, 면접은 시험이 아니다. 퀴즈를 내고, 단답형으로 맞추는 행위는 아무 의미가 없다. 그 회사에, 조직에 녹아 들어갈 수 있도록 각 단어의 의미를 인지하고, 본인을 그 안에 동화시켜 보자. 결국 필자가 여기서 하고자 하는 말은 정말 입사하고 싶은 회사가 있다면 최소 2~3주 전부터 입사지원서 작성을 준비하고, 그 회사가 추구하고자 하는 것이 무엇인지 파악하여 본인을 그 조직에 맞추어 입사지원서를 작성해 보라고 조언하고 싶다.

입사지원서 작성법 Vol. 2

입사지원서를 작성할 때, 자신의 신상을 기록하는 공간이 있다. 최근에는 블라인드 면접이라고 해 대부분의 정보를 생략하기도 하지만, 일반적으로 기업에 지원하는 입사지원서에 들어가는 내용들을 중심으로 개인 신상 작성법에 대해 알아보자.

1. 사진

입사지원서에 사진을 붙이는 경우, 까다롭게 고민할 필요는 없겠지만, 너무 무성의한 사진은 지원자의 마음 가짐이나 태도를 나타내기 때문에 신경을 써야 한다. 필자가 경험했던 사진 중 최악의 사진은 전혀 얼굴을 알아볼 수 없는 핸드폰 사진, 얼짱 각도로 장난스런 표정으로 찍은 사진 등이 있었다. 물론, 서류전형에서 사진에 나타난 외모나 인상을 보고 서류전형의 당락을 결정하지는 않지만, 핸드폰 카메라나 스티커 사진 등으로 촬영한 사진을 자기소개서에 첨부하면 취업에 대한 의지가 없어 보이거나 '우리 회사를 무시하나?' 하는 생각까지 든다.

한때 개그맨 옹달샘 멤버들이 개그맨 지망 수험표에 망가진, 우스꽝스런 표정으로 찍은 사진이 화제가 됐었는데, 이는 개그맨 공채 시험에 지원하기 위한 장난스런 사진이고, 대기업에 입사지원하기 위해서는 개인이 임의적으로 찍은 사진보다는 정장을 입고 돈을 들여 사진관에 가서 제대로 깔끔하게 촬영하여 제출하는 것이 좋을 것 같다.

예전 신문 기사에서 대기업 합격자 수기를 읽었는데, 그분의 말씀에 따르면 취업을 위해 아주 어렵고, 특별한 무언가를 하기보다는 학교 다니면서 공부 열심히 해 학점 관리 잘하고, 입사지원서를 고민해서 성의 있게 작성하며, 입사지원서에 첨부할 사진은 돈을 들여 사진관에서 제대로 찍는 성의를 보였다고 하는데, 참으로 공감가는 글이었다.

2. 교육 및 자격증

직무 및 역량 중심의 면접에 있어 수강한 교육과 자격증은 취업의 당락을 결정 지을 만큼 중요한 사항이다. 그런데 입사지원자들 중 교육과 자격증이 중요하다는 말을 듣고, 본인의 취미에나 해당할 법한 교육 수료 이력이나 운전면허증, 인터넷 검색사, 바리스타 자격증과 같이 본인의 직무와 무관한 자격증들을 나열하는 경우가 생각보다 많다.

예를 들어, 회계 직무에 지원하는 지원자는 회계사 자격증, 재무관리사 자격증과 같은 자격증을 보유해 직무에 관심이 많고, 관련 공부를 꾸준히, 열심히 했다는 점을 강조한 것은 합격에 효과적이다. 또한 인사 직무에 지원하는 입사지원자는 노무사, 직업상담사 등과 같은 자격증을 취득하면 직무에 대한 기초적인 공부가 되어 있다는 점을 본인이 힘들게 설명하는 것보다 훨씬 효과적이다.

교육 관련해 학교 수업에서 해당 직무와 관련된 과목의 성적이 우수하다는 점을 주장하는 것도 좋지만, 정규 학교 수업 외 외부의 세미나, 학회, 자발적 외부 교육 참여 등을 통해 해당 직무 역량을 높이기 위해 능동적, 적극적으로 활동했다는 점 또한 강조하면 훨씬 더 효과적일 것이다.

3. 해외경험

해외 경험은 공인된 어학점수로 표현된 것이 가장 객관적이고, 설득력이 있다. 하지만 외국에서 유학하고, 다른 문화를 체험했다는 점에서 어학연수, 교환학생, 봉사활동, 워킹 홀리데이 등의 경험 또한 회사에서 높이 사는 경험들이다.

다만, 일주일 배낭 여행 갔다 온 경우나 2박3일 동남아 여행을 다녀온 것 등은 그다지 해외 경험으로서의 의미가 없기 때문에 입사지원서에 적지 않는 것이 낫고, 최소 6개월 이상 해외에 체류하며 어학 공부를 하고, 외국 문화를 직접 체험한 경험이 있다면 이 점을 강조하는 것이 해외 적응 능력, 어학능력을 장점으로 내세우는 데 효과적일 것이다.

4. 외국어 능력

외국어 능력은 대체로 공인 어학성적으로 증명이 되기 때문에 크게 논란의 여지는 없으나, 간혹 공인 어학 점수는 좋은데, 실제 영어 회화가 안 되는 지원자들이 있어 영어회화 면접을 하곤 하니, 이 점은 참조하길 바란다. 특히, 상사나 일반 기업의 해외영업 등 실제 비지니스 영어를 사용하는 직무는 어학 능력에 대한 검증이 훨씬 더 엄격하다.

그리고 토플 점수밖에 없는 지원자는 유학을 준비해 왔다고 여겨져 채용하는데, 다소 선입견이 있을 수밖에 없다. 회사에 다니다 육체적으로 힘들어지거나 정신적으로 스트레스를 받으면 유학길에 오르거나 대학원에 진학할 수 있다고 여겨지기 때문에 경험 많은 면접관들은 좋은 평가를 안 하는 경우가 종종 있다.

본인이 토플 점수만 가지고 있다면 시간을 할애해 토익, 오픽 같은 시험에 응시해 토플 이외 다른 공인 어학 점수를 취득해 제출하는 것이 면접관의 선입견을 배제할 수 있는 좋은 방법 중 하나이다.

5. 자소서

자소서 작성은 '서류전형 광탈하는 방법'에서 설명하겠지만, 몇 가지 중요한 요소들이 있다. 단락간 여백을 크게 두어 깔끔하고 시원하게 레이아웃을 구성하고, 키워드 중심으로 일목요연하게 정리해야 한다. 내용이 많아야 좋다는 자기만의 해석은 버리고, 의사전달이 효과적으로 될 수 있는 방법을 고민하길 바란다.

자소서를 심사하다 보면 글자수를 채우기 위해 미사여구가 과하게 들어가는 경우가 생각보다 많고, 반드시 인용할 필요 없는 경구나 속담 등을 지나치게 삽입하는 경우가 있는데, 이는 오히려 서류 심사자의 집중력을 흐트러뜨리는 효과를 가져오고, 눈살을 찌푸리게 할 수 있기 때문에 필요한 내용을 키워드 중심으로 일관성 있게 정리하는 것이 좋다.

입사지원서 작성법 Vol. 3

1. 성의를 보일 정도의 길이

입사지원서 작성 시, 각 질문별로 글자수가 제한되어 있다. 예를 들어, '살아오면서 어려움을 극복했던 사례에 대해 설명해 보세요(500자 이내)'와 같은 입사지원서 질문이 나온다면 어느 정도의 길이로 작성을 해야 할까?

길이가 지나치게 짧으면 성의 없어 보이고, 너무 길면 서류 심사자가 지루해할 수 있기 때문에 적절한 길이로 작성을 해야 한다.

물론, 정확하게 몇 글자가 되어야 한다는 원칙은 없지만, 필자의 경험에 따르면 전체 요구한 글자 수(數)의 5% 내외까지는 자소서 작성에 성의가 있다고 보인다. 500자 이내로 작성해 달라고 하면 475자와 500자 사이로 작성하면 될 것 같다. 그보다 글자수가 많이 적다면 성의가 없어 보일 수 있으니, 적절한 분량으로 자소서를 작성하시길 바란다.

2. 단락 구분

　자소서를 작성하다 보면 한 문장의 길이가 지나치게 길어져 만연체가 될 수도 있는데, 서류를 심사하는 심사관의 입장에서 자소서가 만연체로 되어 있으면 답답하고, 다 읽기가 부담스러워진다. 따라서 적절한 길이로 단락을 구분해 준다면 서류심사자들이 핵심 단어 중심으로 글을 읽고, 자소서에서 표현하고자 하는 내용을 쉽게 이해할 수 있게 된다. 따라서 적절한 길이로 단락을 구분하면 좋겠다.

3. 참신한 명언, 경구

　자소서를 작성하다 보면 너무 많은 글을 쓰는 것보다는 명언이나 경구 한마디가 많은 의미를 대신할 때도 있다. 특히, 책을 많이 읽고, 공부를 많이 하다 보면 참신한 명언이나 경구를 접할 기회가 많은데, 이를 잘 활용하면 지속적으로 자기계발을 해 왔고, 책을 많이 읽는 지원자로 평가받을 수 있다. 백 마디 말보다 한 구절의 고사성어나 명언이 더 효과적일 수 있으니 이 점도 유념하길 바란다.

4. 입사 후 구체적 계획

면접관들의 입장에서 피면접자를 보면 면접 전형을 통과하고자 하는 모습만 보이고, 회사에 입사해 장기적으로 조직에 기여를 하려는 모습까지는 잘 보이지 않는다. 따라서 피면접자가 회사 입사 후 어떤 계획으로 역량을 개발하고, 개발된 역량을 통해 회사의 수익에 어떤 기여를 할지 계획성 있게 고민한다면 서류심사자의 입장에서는 지원자가 계획성 있게 조직생활을 할 것이라 기대하게 된다.

5. 회사 관련 전문 지식/용어

회사에 입사 지원한 경우, 대부분 그 회사의 홈페이지를 탐독하거나 자료들을 찾아보고, 선배들한테도 많은 조언을 구해 입사지원하기 마련이다. 하지만 예전처럼 회사의 비전, 조직가치, 인재상, 장단기 목표 등을 단순히 외우고, 이를 서류전형이나 면접전형에서 핵심 단어 중심으로 표현하는 것만으로는 부족하다. 회사와 관련된 공부를 하고, 회사의 사업과 관련된 전문적인 지식을 구체적으로 알아 자소서나 면접전형에서 표현을 해야 합격에 훨씬 더 유리하다.

6. 지원 직무 관련 경험

입사지원 하는 직무 관련, 역량을 개발하기 위한 교육, 자격증 취득을 위한 노력, 그리고 인턴 경험을 했던 직무 경험들을 자소서에 구체적으로 기록해야 한다. 특히, 인턴을 경험했다고 하면 그 직무가 어떤 업무를 하는 직무인지 알고 있어야 하고, 그 직무 경험을 통해 무엇을 배웠으며, 그 직무가 본인의 적성에 잘 맞는지 등을 구체적으로 구술할 수 있어야 한다. 이미 지원하고자 하는 직무를 경험했기 때문에 그만큼 직무 불만족으로 인한 퇴사의 위험이 다른 지원자들과 비교해 상대적으로 적고, 직무 적응력도 다른 지원자에 비해 뛰어날 것이라 기대한다. 따라서 지원하는 직무와 관련된 경험은 자소서 작성 시, 경쟁력 있는 요소로도 작용할 수 있으니, 반드시 일목요연하게 잘 정리해서 기술하길 바란다.

서류전형 광탈하는 방법 Vol. 1

취준생들이 자주 하는 질문들 중 하나는 "어떻게 하면 서류심사에 합격할 수 있어요?"라는 질문이다. 사실 인사담당자들도 100% 합격을 확신할 수 없는 게 서류전형이다. 왜냐하면 요즘처럼 취업이 어려운 환경에서는 워낙 많은 사람들이 소수의 공기업, 대기업에 입사지원하고 있고, 그들과 경쟁하여 서류전형에서 자신만의 매력을 부각시켜야 하기 때문이다.

사실 인사담당자 관점에서 '서류전형에서 이것만 하면 합격할 수 있어요'라고 단언할 수 있는 비법은 없다고 생각한다. 학교에서 범위가 정해져 있는 시험을 볼 때 '이 범위 내에서 이 문제는 반드시 나올 거야', '이 문제는 분명히 출제될 수밖에 없어'라고 말할 수 있겠지만, 변동성이 무한하고, 하루가 다르게 변해 가는 경영 환경에서 '이 점만 짚어 주면 반드시 서류는 통과할 수 있어'라고 단언할 수 있는 요소는 없다고 보면 된다.

벌써 꽤 오래된 얘기지만, 모 대학 교수님께서 '정말 기업에서 서류 심사를 꼼꼼히 할까?'를 시험하기 위해 거의 비슷한 자소서를 같은 기업에 여러 개 지원했던 적이 있었다. 그때 그 기업에서 이상한 점을 발견하고, 그 대학 교수님을 '업무방해죄'로 고발하겠다고 엄포를 놓아서 떠들썩했던 사건이었다. 어떻게 그 많은 자소서 중에서 동일한 사람이 작성했을 것이라고 의심을 할 수 있었을까? 그만큼 기업에서는 자기소개서 등 서류에 대해 아주 세심하게, 꼼꼼히 살펴보고, 이를 가려 낼 때도 복수의 사람이 모여 의견을 모으는 등 엄청난 시간과 인력을 투입하여 심사숙고하고 있다. (물론 요즘은 AI를 이용해 잡아 내기도 한다.) 이 때문에 '이번 서류 전형에서는 이런 자소서가 합격 자소서로 채택이 되었네요' 정도로 소개를 할 수는 있을지라도 '이 회사는 이것만 서류에 언급하면 무조건 합격이다' 이런 비법은 거의 불가능에 가깝다고 보면 된다.

물론, 각자의 개성이 묻어나고, 회사에서 원하는 인재상(문자화되어 있건, 직원들의 잠재의식 속에 존재하는 것이건)에 가깝다면 그 시기에 서류전형에 합격할 수 있지만, 시험 문제에 대한 답안처럼 '이것이 정답이다'라고 할 만큼 딱 떨어지는 그런 묘책은 없다. 대신 몇 가지 서류전형에서 광탈할 수 있는, 많은 인사담당자들이 입을 모아 이야기하는 Tip은 확실히 존재하기 때문에 이번에는 그 이야기를 해 보고자 한다.

취업 방송에서도 몇 번 소개되었던 적이 있는데, 실제 실무에서도 간간히 발생하는 그런 일들이다. 지원한 회사의 '회사명'을 잘못 쓰는 실수인데, 필자가 가끔 이런 이야기를 할 때면 취준생들이 박장대소하곤 한다. 그건 상식 아니냐고, 그게 말이 되느냐고. 그런데 실제 이런 일이 심심치 않게 발생한다. 많은 빈도수는 아니지만, 그래도 가끔, 아주 가끔씩 발생하는 일이다.

예전 서류심사를 위해 자소서를 보며, '꽤 잘 쓴 자소서고, 우리 회사에 와서 같이 일하면 성과도 낼 수 있을 인재인 것 같다'는 생각을 하고 있었는데, 자소서 말미에 떡하니 다른 회사의 회사명이 적혀 있었다. 'ㅇㅇ회사에 입사하게 된다면 앞에서 말한 모든 것들을 이루기 위해 최선을 다하겠습니다' 너무 당당해서 황당했고, 필자가 이 자소서를 끝까지 다 읽느라 들인 시간이 아까웠다.

심지어 한 번은 서류전형을 마치고, 면접전형에 들어갔는데, 면접관 중 한 분이 자소서에 회사명이 잘못 기입된 것을 발견하고, 면접전형에 초대를 했으니 요식행위로 면접을 보기는 했지만, 결국 탈락시켰던 쓰디쓴 기억도 있었다. 입사지원자 본인도 자소서를 몇 번을 다시 읽었는데, 그럴 리 없다며 면접 대기실에서 눈물을 보이는 사건도 있었다. 아마도 그 지원자는 회사명 오기만 아니었다면 면접 전형 결과도 나쁘지 않아 입사로 이어질 수 있었던 상황이었기에 더더욱 안타까웠다.

필자가 회사에서 일하면서도 오타 때문에 곤란을 겪은 적이 한두 번이 아니다. 이로 인해 상사로부터 무지무지하게 크게 혼났던 적도 여러 번 있었다. 그런데 분명히 필자는 보고하기 전 여러 번 읽어 보고, 실제 보고하는 상황을 며칠동안 수차례 반복하면서도 필자의 눈에는 죽어라고 그 오타가 눈에 안 들어왔는데, 보고하는 그 자리에 가면 그 오타 글자만 눈에 확 띄게 올라와서 보고를 시작하면서부터 등에 식은땀이 흐를 정도다.

가장 기본 중의 기본이지만, 누구나 할 수 있고, 여러 차례 경험 했음직한 실수인데, 그럼에도 불구하고 아직까지도 고쳐지고 있지 않은 실수의 대표적인 유형이다. 본인이 반복해서 아무리 입사지원서를 살펴 보아도 안 보이는 것들이 다른 사람들 눈에는 너무나도 쉽게 띄는 경우도 많으니, 입사지원서를 제출하기 전에 반드시 친한 친구나 부모님께 입사지원서를 읽어 봐 달라고 부탁을 해 보는 것도 괜찮을 것 같다. 아니, 반드시 다른 사람의 검토를 거쳐야 한다.

아무리 자소서를 잘 쓰고, 면접을 잘 보았다고 해도 그 회사의 '회사명'을 잘못 기입하는 실수는 그 회사를 다니고 있는 사람들에 대한 예의가 아니다. 조금 더 심각하게 받아들이는 사람은 자신의 밥벌이이고, 매일매일 최선을 다해 일하는 직장에 대한 모욕이라고까지 느낄 수 있고, 그럴 경우에는 '회사명'을 잘못 작성한 실수는 절대 용납할 수 없는 사건(?)이 된다.

서류전형 광탈하는 방법 Vol. 2

　필자가 서류전형을 할 당시(지금은 팀장의 직책을 맡고 있어 실무를 담당하는 다른 직원들이 서류전형을 담당함), 하루에 서류전형 심사해야 할 대상자가 적게는 몇 백 명부터 많게는 몇 천 명에 이르기까지 상당히 많았다. 이 글을 취준생들이 읽는다면, 그렇게 많은 사람들의 자소서를 정말 다 읽을까? 하고 의심하겠지만, 정말 다 읽는다. 그건 필자만 그랬던 것이 아니라, 대기업 인사팀에서 근무한 경험이 있는 직원이라면 누구나가 공감할 것이다.

　대한민국에서 태어나, 이 나라에서 정규 교육과정을 마치고, 취업전선에 나와 자기소개서를 쓰는 사람이라면 본인이 다른 사람들과 완전히 차별화된 다른 삶을 살았다고 할 만큼 독특한 사람은 없을 것이다. 물론, 자기소개서 내용도 몇 백 명, 몇 천 명이 거기서 거기인 경우가 대부분이다. 서류 심사를 하는 인사팀 직원의 입장에서는 취업 준비생들이 장인이 한 땀 한 땀 수놓아 명품 옷을 만들듯 심혈을 기울여 작성한 자소서를 성의 있게 읽어 주고, 한 마디, 한 마디 모두 첨삭을 해 주고 싶을 정도로 정성 들여 읽으려고 서류전형을 시작하지만, 막상 현실의 서류전형에서는 특별할 것 없이 대동 소이한 내용을 몇 날 며칠을 읽게 되어 힘들고, 지루하고, 지친다.

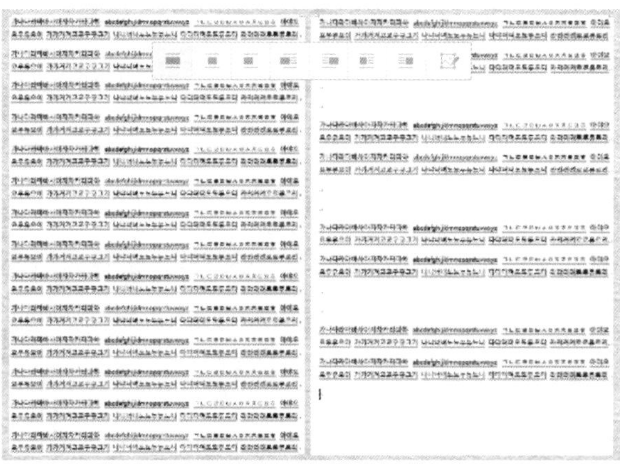

[이미지1]　　　　　　　　[이미지2]

　개인정보와 관련된 일이라 실제 자소서를 사용할 수 없기에 필자가 임의로 워드 화일에 글자를 적어 급하게(?) 위의 자소서를 만들어 보았다. 위의 자소서를 보면 왼쪽의 [이미지1]에 나타난 것처럼 자소서를 작성하는 지원자가 있고, 오른쪽의 [이미지2]와 같이 자소서를 작성하는 지원자도 있다. 물론, 지원자의 입장에서는 보다 많은 글을 적어 자기를 드러내고 싶고, 서류 심사자들에게도 절박함을 보이기 위해 빽빽하게 자기를 표현하는 글을 적었으리라 짐작은 된다. 하지만, 앞서 언급한 바와 같이 중노동(?)에 버금가는 서류전형을 하고 있던 서류심사자의 입장에서 왼쪽 [이미지1]과 같은 자기소개서를 접하게 되면 숨이 턱 막혀 온다. 반면, 오른쪽 [이미지2]와 같은 글은 다소 여유를 갖고 읽어 볼 수 있고, 지원자가 전달하고자 하는 내용을 되도록 쉽고, 빠르게 알아볼 수 있다.

예전에 한 TV 프로그램에서 고시 3관왕을 한 분이 출연해 인터뷰했던 말 중에 의미심장하게 와닿았던 말이 있었다. 본인에게 남들보다 뛰어난 능력이 있다면 좋은 머리보다 상대방의 입장에서 어떻게 생각을 할지, 어떻게 행동을 할지 생각하는 능력이라고 했다. 본인은 공부를 할 때, 선생님이라면 어떤 문제를 낼 것 같은지, 고시 문제 출제자라면 어떤 문제를 낼 것 같은지를 먼저 생각해 보고 공부를 한다는 것이다. 마찬가지로 취준생들도 자기 최면에 취해 멋들어지게, 감상적으로 자기소개서를 작성하기 보다 서류심사자들이, 더 나아가 면접관들이 자신의 자기소개서를 어떤 관점에서 봐 줄지 생각해 보고, 면접 전형에 참석했을 때 본인의 자기소개서를 보고, 어떤 질문을 할지 생각하며 자기소개서를 작성한다면 서류전형에 합격할 확률이 더 높아질 것 같다. 특히, 위에서 말한 것처럼 본인이 하고 싶은 말이 많아 자소서에 쉴 틈 없이 빽빽이 적는 것보다 많은 자소서들을 서류심사자가 보다 효율적으로 검토할 수 있도록 핵심과 요점을 중심으로 자기소개서를 작성하는 것이 더 중요하다는 말이다.

　자소서 작성 시, 또 하나의 힌트를 드리자면 위에서처럼 단락을 나누는 것에 덧붙여 글 머리에 소제목을 붙이고, 그 제목만으로 표현하고자 하는 바를 알 수 있도록 효과적으로 글을 구성하길 바란다. 아마 본인이 하고 싶은 말을 주저리 주저리 쓰는 것보다 고민하고, 생각해서 글을 압축하고, 핵심적인 내용들을 효율적으로 전달하기 위해 단어를 심사숙고해 글을 쓰는 것이 글의 양(量)은 적지만, 훨씬 더 힘들다는 것을 곧 알 수 있을 것이다.

서류전형 광탈하는 방법 Vol. 3

　　서류전형에서 광탈하는 방법 세 번째 이야기로 이번에는 맞춤법이나 잘못된 용어를 사용하는 경우에 대해 이야기하려 한다.

　　요즘 시대에는 일상 대화에서 대면하여 대화하는 경우 보다 글로 대화하는 경우가 부쩍 늘고 있다. 의사소통이라고 하면 예전에는 대면하여 대화하거나 같이 모여 회의하는 경우를 이야기하는 경우가 대부분이었고, 특별한 경우 전화로 대화하는 경우를 주로 의사소통이라고 했었다. 그러나 요즘 의사소통의 대부분은 e-mail, SNS, 카카오톡, 문자 메시지 등 글로 표현하는 경우가 훨씬 더 빈도가 높은 것 같다.

　　만약 친하고, 잘 아는 사람도 맞춤법을 잘 모르는 경우가 계속되면 그 사람이 다소 무시되기도 하고, 심한 경우는 대화하고 싶지 않을 때도 있을 수 있다. 그러면 한 번도 얼굴 본적 없는 사람의 서류 전형을 할 때는 어떨까?

물론, 단어 한두 개 맞춤법이 틀렸다고 해서 그 지원자가 서류전형에 탈락하는 경우는 절대 없다. 하지만 맞춤법이 틀린 단어를 여러 번 반복해서 사용하거나 단어의 뜻을 잘 모르고 사용하는 경우가 발생하면 얼굴 한 번 본 적 없는, 전혀 모르는 지원자에 대한 신뢰도가 낮아진다. 필자가 사회 초년생일 때, 보고서에 오자(誤字)가 발견되면 상사가 엄청 크게 꾸짖었는데, 사실 필자는 이해가 잘 안 됐었다. 뭐 잘못된 거는 고치면 되고, 실수했더라도 의미만 통하면 되지 오타 한두 글자 가지고 도대체 왜 대노(大怒)하는지 이해를 못했다.

시간이 흐르고, 필자가 직장 상사의 위치가 되고 나니, 예전에 오타를 보고 화를 내시던 상사의 그 마음을 조금 이해할 수 있을 것 같다. 필자는 예전의 상사분들처럼 오타 한두 개 가지고 화를 내고 그러진 않지만, 오타가 수시로 반복되면 보고서를 작성한 부하 직원에 대한 신뢰가 점점 낮아진다. '정성스럽게 보고서를 쓴 건가?', '보고하기 전에 한 번이라도 다시 읽어 보고 신중을 기한 건가?', '대충 쓰고, 나한테 던지는 건가?'라는 생각까지 들면 슬그머니 기분까지도 언짢아진다.

하물며 한 번 본 적도 없는 입사지원자의 입사지원서에 오타가 많다면 어떤 기분이 들까? 특히, 내용도 비슷한 몇 천 장의 자소서가 있다면. 그건 누가 서류심사를 하든 결과는 같을 것이다. 처음에 애기했듯이 서류전형은 잘 못 한 사람을 거르는 과정이 아니라, 면접을 볼 만큼 뛰어난 사람을 선택하는 과정이기 때문에 오탈자가 여러 번 반복된다면 아무리 뛰어난 자소서 내용이라도 신뢰감이 떨어져 서류전형을 통과시키기 어렵다.

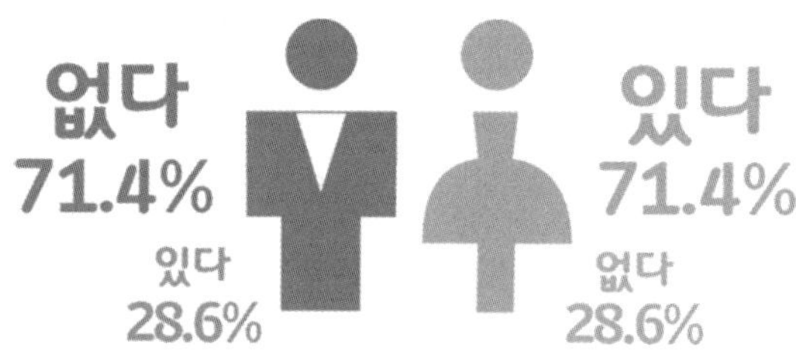

Naver Blog 인용

위의 통계를 보면 재미있는 내용이 있다. '이성의 맞춤법 실수에 대해 호감이 떨어진 적이 있는가?'라는 질문에 대한 응답인데, 여성의 경우가 특히 남성의 맞춤법 실수에 대해 호감이 떨어지는 확률이 훨씬 컸다. 하지만 이는 보통의 경우를 말하는 것이고, 이 상황이 회사의 업무나 채용과 관련된 일이라면 남녀를 불문하고, 호감이 많이 떨어질 것이다.

'서류전형 광탈하는 방법' 제1순위로 얘기했던 자소서에 지원하는 회사명을 틀리는 경우만큼의 큰 실수는 아니지만, 자소서 내에서 맞춤법이 수시로 틀린다거나 제대로 뜻을 알지 못하고, 적절치 못한 용어를 사용하는 경우 역시 서류 전형에서 탈락할 수 있는 지름길이니, 입사지원자들은 특별히 유의해 주었으면 한다.

서류전형 광탈하는 방법 Vol. 4

　이번 글은 서류전형 광탈하는 방법 네 번째 글로 '상용어구', '관용어구'를 의미 없이 남발하는 사례를 들고자 한다. 자소서를 작성하는 입사지원자로서는 본인의 진심을 드러내기 위해, 또는 자소서의 글자수를 맞추기 위해 상용어구를 인용하는 경우가 자주 있다. 예를 들어, '저에게 포기란 단어는 배추를 세는 단위일 뿐입니다.' '제 좌우명은 Do My Best입니다'와 같은 상용어구는 서류를 심사하는 입장에서 볼 때 수백, 수천 개의 비슷한 내용의 고만고만한 입사지원서 중 하나일 것이다. 왜냐하면 입사지원서의 글자수를 채우기 위해 생각보다 많은 입사지원자가 이런 상용 어구들로 자소서를 채우기 때문이다. 결국 서류를 심사하는 입장에서는 그런 상용어구의 인용이 그저 그런 입사지원서 중 하나로 전락하게 할 수도 있는 지표가 될 수 있다는 말이다.

　필자의 경험을 인용하자면, 서류심사를 하던 어느 해 유독 인용이 많이 되었던 진부한 상용어구가 있었는데, 몇 날 며칠을 서류심사 하다 보니, 그 상용어구가 자소서에서 나타나기만 하면 다소 신경질적인 반응이 나도 모르게 나오곤 했다. 그 이유는 올해 누군가가 이 상용어구를 인터넷에 유포를 한 건가… 싶을 정도로 많았기 때문이다.

차라리 고대 철학자의 잘 알려지지 않은 말씀이나 자기만 알고 있는 좋은 명언구 등을 인용한다면 책을 많이 읽고, 생각을 깊게 하는 사람처럼 느껴질 수 있지만, 그냥 흔히 누구나 알고 있고, 자주 쓰이는 글귀 정도를 인용한다면 서류심사자의 마음을 사로잡는 도구로 역할을 하지 못할 뿐 아니라, 다른 사람들이 사용하는 상용어구와 중복되어 있다면 오히려 이미지에 마이너스 점수가 될 수 있다.

이를 위해 평소 책을 많이 읽어 두길 당부하는 바이다. 책을 많이 읽어 지식이 많고, 지혜로우며, 생각이 깊은 사람은 어느 조직에서나 함께하고 싶을 것이다. '당신이 헛되이 보낸 오늘 하루는 어제 죽어 간 사람이 그토록 갈망하던 내일이다'와 같은 큰 감동도 없고, 지원자의 생각이나 지혜의 깊이도 느끼기 어려운 명언구는 되도록이면 지양하길 바란다. 자소서의 글자수를 채우기 위한 수단은 될 수 있지만, 서류 심사자가 볼 때는 글자 낭비일 뿐이기 때문이다.

서류전형 광탈하는 방법 Vol. 5

　서류전형 광탈하는 방법의 마지막 편으로 몇 가지 더 언급하고자 한다. 이번 글은 굳이 말하자면, '기타 사례(?)' 정도로 말할 수 있을 것 같은데, 그간 언급했던 내용들을 제외하고, 다소 경미한 내용들이지만, 간간히 보이는 자소서 작성 시, 피해야 할 내용들을 몇 개 모아 보았다.

　첫 번째는 다소 부정적인 표현이나 거부감이 일 정도로 강한 표현 등이다. 예를 들어, '저는 늘상 완벽하고, 빈틈이 없어 친구들 사이에서 칼잡이라고 통합니다', '저는 끈기가 있고, 한 번 시작한 일은 끝을 보기 때문에 독사라는 별명이 있습니다' 같은 표현은 본인의 장점을 묘사하기 위해 극단적인 표현을 사용했으나, 얼굴도 모르는 사람의 자소서에 이런 내용이 담겼다면 옆에서 같이 일을 해야 할 사람을 채용해야 하는 서류심사자 입장에서는 다소 부담스럽다. '칼잡이', '독사' 같은 표현은 글로 처음 사람을 접하는 입장에서 다소 섬뜩하게 느껴질 표현이다. 물론, 진의(眞意)는 그게 아니겠지만, 내 옆에 '칼잡이'나 '독사'가 앉아서 내 후배로 일을 하고 있다면…. 자소서를 심사하는 입장에서 생각해 봐도 그다지 좋은 표현은 아닐 것 같다. 학창 시절 무섭고, 체벌이 심한 선생님들을 주고, '독사', '조폭'과 같이 표현했던 것을 상상해 보면 누구나 공감할 것이라 생각한다.

두 번째는 큰돈을 벌어 본 경험을 이야기하는 것이다. 예를 들어, 회사 입사 지원하기 전에 장사를 해 큰돈을 벌어 보았다는 말을 쓰면, 자소서를 심사하는 입장에서 '이 친구는 조금 힘들거나, 본인이 만족할 만큼 급여를 받지 못하면 그만두겠구나' 하고 생각하게 된다. 실제로 학원 강사나 과외를 통해 큰돈을 벌어 보았다든지, 아니면 장사를 통해 큰돈을 만져 보았으나, 안정적인 직업을 구하고자 입사 지원했던 지원자들은 대부분 서류 심사 단계에서 좋은 평가를 받지 못했고, 설사 면접을 통과해 입사를 했다 해도 결국 회사 생활이 힘들거나, 일한 만큼 대가를 지불받지 못한다고 판단되면 너무나도 쉽게 회사를 그만두는 경우를 종종 보았기 때문에 그런 경험은 되도록 자소서에 담지 않는 것이 바람직하다.

지나치게 솔직한 표현도 자제해 달라고 말하고 싶다. 예를 들어, 자신의 장단점을 적어 달라고 할 때, 정말 단점을 적나라하게 적는 경우가 있다. '지루한 일 하는 것을 싫어한다'라는 표현은 정말 최악이다. 회사의 일이라는 것이 늘 새롭고, 신선한 일만 있는 것이 아니라, 대부분이 반복되는 일이고, 지루한 일인데, 지루한 일을 싫어한다고 하면 회사에서는 그 지원자를 채용할 이유가 없다.

　마지막으로 당부하고 싶은 것은 실패를 극복한 경험담을 얘기해 달라고 요구했는데, 과거 자살하려고 했던 경험이나 집 나가서 비행을 저질렀던 경험 등을 적는다면 자소서를 심사하는 입장에서는 그 사람을 채용하는 행위 자체가 위험 요인이라고 생각할 것이다. 따라서 솔직해야 하는 자소서에서도 굳이 말할 필요가 없는 내용들을 먼저 나서서 밝힐 정도로 순진하게(?) 정직할 필요는 없을 것 같다.

서류전형에 합격하기 위한 학점 기준

취준생들을 만나면 필자에게 자주 하는 질문이 몇 가지 있다. 서류전형 시 영어 점수가 반드시 필요한가요? 학교나 전공에 따라 별도로 구분하나요? 첫 인상이 면접 결과에도 반영되나요? 등등이 있는데, 이번에 얘기해 볼 내용은 '서류전형 시, 학점을 고려하는가? 고려한다면 몇 점 정도가 되면 서류 전형에 합격할 수 있는가?'이다.

질문에 대한 답변부터 말하자면, 서류전형 시 학점은 필수적인 고려 사항이다. 필자의 경우 서류전형 시 학점을 보는 이유는 학점이 지원자의 성실도를 판단할 수 있는 근거라고 생각해서이다. 회사마다, 채용 전형을 진행하는 사람들마다 학점을 서류전형에서 중요 요소로 고려하는 이유는 다양하겠지만, 필자의 경우는 필자가 대학교 재학 시 경험에 입각해 성실성을 판단하는 요소로 학점을 심사한다. 물론, 신입 사원 입사지원자의 경우 판단할 만한 요건이 몇 가지 없어 채용 전형을 진행하는 직원 입장이라면 누구나 대학교 학점을 반드시 고려 대상에 포함시키긴 하겠지만, 필자가 기억하기로 대학교 재학 시절 아무래도 수업을 열심히 듣고, 시험 준비를 착실히 한 친구들이 결국 성적이 좋았던 것 같다. 오히려 초중고 때는 수업시간에 실컷 졸다가 시험만 잘 보던 천재(?) 같던 친구들이 있었던 반면, 대학교 학점은 몸도 부지런하고, 꾸준히 참고 문헌을 찾아본 모범생 친구들이 학점이 좋았던 기억이 있어 필자는 서류전형 시 반드시 학점을 심사 대상에 포함시킨다.

서류전형에서 합격시키는 기준이 되는 학점은 사실 매해, 상하반기, 시점에 따라 다 다르다.

대기업 합격을 위한 서류전형 학점 통과 커트라인은 회사마다, 시기마다 다 다르지만, 필자가 경험했던 대기업의 서류전형 합격을 위한 학점은 4.5점 만점에 3.5점 정도는 되었던 것 같다. 하지만, 최종 목적이 서류전형 합격이 아니라, 최종 입사 전형 합격이라면, 의미 있는 학점은 4.0 이상이 되어야 하지 않을까 생각한다. (물론, 초우량 기업을 기준으로 주관적 의견이니 참고만 하시길 바란다.)

회사에 입사지원을 해 본 지원자라면 누구나 알겠지만, 서류전형 지원 기준이 최종 합격을 위한 기준은 아니다. 대학교 전체 평균 학점이 3.5점이 된다고 해도 서류전형에서 기본적으로 걸러지지 않는 수준이라는 것이지, 취준생들이 선망하는 좋은 회사에 입사하기 위한 학점이

3.5점이라는 말은 아니다. 취업이라는 것이 전형 단계를 한 단계씩 통과하다 보면 최종적으로 합격하는 프로세스지만, 채용하는 회사 입장에서는 최종 합격해 자신의 회사에서 일하고자 하는 사람들의 스펙을 먼저 고려해 보지 않을 수 없다는 점을 생각하면 최소 4.5점 만점에 3.7~3.8점 정도가 최종 합격을 위한 최소한의 학점이 아닐까 생각된다.

요즘 취준생들을 보면 안쓰러운 생각이 많이 든다. 필자가 대학교에 입학할 때만 해도 대학교는 유일한 청춘의 해방구였고, 인생에 있어 처음이자 마지막으로 쉬어 가는 시간이었다면, 지금의 취준생들은 대학교 1학년 때부터 학점을 관리하기 위해 공부에 매진하고, 자기 관리를 한다. 수업을 빼먹고, 놀러간다는 것은 상상하기 어려운 이벤트고, 교수님께도 잘 보여야 하며, 자신의 취미활동이나 기호를 고려한 대내외 활동을 위해 공부를 희생한다는 것은 사치에 가깝다. 필자의 경우도 면접 시, 학점이 미진한 지원자를 보면 왜 학점이 안 좋은지, 남들 학점 관리할 때 인생경험을 쌓느라, 학점 관리를 못했다는 게 학생으로서 변명이 될 수 있는 얘기인지 질책하고, 재차 질문하곤 했던 것을 고백한다. 필자의 부모님께서 필자의 이런 모습을 보았다면 너나 잘하지 그랬냐고 헛웃음을 지으셨겠지만, 작금의 취업 관문이 그만큼 좁아졌고, 학생들의 경쟁도 치열하여 사회가 대학생들에게 요구하는 성숙도는 예전보다 훨씬 더 엄격하고, 집요해졌다. 이 사회가 젊은이들에게 지금의 기성세대들이 살아온 모습보다 훨씬 일찍 철이 들도록 요구하고 있는 것이다.

사실 요즘 취준생들을 보면 안쓰럽고, 어른으로서 미안하고, 참 많은 생각이 든다. 하지만, 경쟁이 치열해질 대로 치열해져 이 시대를 개탄하고, 푸념하고만 있을 수 없는 노릇이다. 그동안 면접관으로서, 채용을 담당하는 인사팀장으로서 경쟁의 논리로만 취업지원자들을 바라보았지만, 그리고 앞으로도 그럴 수밖에 없겠지만, 인생에서 자신만의 뜻을 실컷 펼쳐볼 수 있는 해방구 한 번 없는 젊은이들에게 따뜻한 위로의 말 한마디 전해 주고 싶다.

토익 몇 점을 받아야 대기업에 취업할 수 있을까?

취준생들로부터 가장 많이 받는 질문 중 또 하나가 '토익 점수 몇 점이 되어야 대기업 서류 전형에 합격을 할까요?' 또는 '면접관들이 토익 점수가 낮다고 지적하던데, 토익 점수가 낮아서 면접에서 탈락한 건가요?'이다.

성격이 급하고, 취업 준비로 바쁜 취준생들을 위해 답을 먼저 말하자면, 첫 번째 질문에 대해서는 "케바케, 즉 Case by case"이고, 두 번째 질문에 대한 답은 "No."이다.

첫 번째 질문에 대해 부연 설명을 하자면, 회사별, 직무별, 지원 시기별로 각각 다 다르다.

1. 회사

회사별로는 일반적으로 연봉 수준이 높거나, 입사 경쟁율이 치열한 회사들이 상대적으로 높은 영어 점수를 요구한다. 최근 트렌드에 따르면 공기업, 근속이 정년까지 보장되어 있는 에너지 기업, 삼성전자, 현대자동차 같은 회사들이나 외국어 역량이 절대로 필요한 상사, 외국계 회사들이 높은 외국어 점수를 요구하고 있다.

2. 직무

직무별로 해외영업을 담당하거나 해외 외자 구매를 담당하는 직무 등 외국인들을 상대해야 하는 직무들의 경우 높은 영어 점수를 요구한다. 특히, 외국계 회사의 경우 인사 직무는 본사와 직접, 수시로 의사소통 해야 하기 때문에 높은 영어 점수가 필요하고, 영어 점수가 높아 서류전형에 합격한다고 해도 별도의 영어 면접을 통해 외국인과 대화가 매끄럽게 진행되는지도 철저히 Test 한다.

두 번째 질문에 대해 단호하게 "No"라고 답을 한 이유는, 외국어 점수를 통한 어학역량에 대한 검증은 서류 전형 시 이미 다 이뤄졌기 때문에 면접에서 영어 점수로 인해 탈락이 되었다는 것은 앞뒤가 맞지 않는 말이다. 다만, 이런 저런 역량이 부족한데, 영어라도 잘했더라면 합격할 수 있었을 텐데… 하는 아쉬움에 어학 역량에 대해 질문을 하는 경우는 있지만, 회사 자체에서 어학 역량이 부족하다고 판단하는 경우는 아예 면접 볼 기회를 주지 않는다.

간혹 취준생들 중 토익 점수가 940점인데, 자기 친구가 토익 990점 만점을 받아 취업에 합격했다며, 다른 것은 제쳐 두고, 토익 만점에 매진하는 경우가 있다. 이런 경우 필자가 토익 만점 취득 말고, 직무 역량 향상을 위한 다른 준비를 해보라고 조심스럽게 조언해도 딱히 뭐를 해야 할지 잘 모르겠고, 뭐가 취업에 필요한지도 모르겠어서 토익 공부라도 잡고 있다고 말한다. 그저 불안함을 헷지(Hedge)하기 위해 자기 위안으로 영어 공부를 하고 있는 셈이다.

필자의 생각에는 차라리 그 시간에 직무에 대해 조금 더 공부하고, 직업관이나 직무관에 대해 심도 있게 고민해 보는 것이 더 좋지 않을까 생각한다. 취업을 한다는 것은 직장에 다니는 면접관들을 대상으로 자신의 경쟁력과 가치를 검증해야 하는 자리이지, 나 자신에게 위안을 받고자 하는 과정이 아니기 때문이다.

직장에 들어가는 것을 시험에 합격하는 것과 같이 생각하는 오류를 줄이고, 취업이라는 본질을 꿰뚫어 볼 수 있는 스마트한 취준생이 되길 진심으로 바란다.

My story telling···

관심 있게 읽은 책 중 강원국이라는 분이 저술한 '대통령의 글쓰기'라는 책이 있다. 직장 생활을 하며 업무를 추진하고, 보고서를 작성할 때 종종 한계를 느끼게 되는데, 우리나라에서 제일 지위가 높은 대통령의 연설문을 작성하고, 이를 보고하는 분은 어떤 분이고, 어떻게 일을 하는지 궁금해서 읽게 되었다.

그런데 책 읽는 중에 취준생 여러분들에게 들려주고 싶은 글이 있어 인용해 본다. 특히, 자소서를 작성하며 '나는 왜 이렇게 글을 못 쓰지' 하며 머리를 쥐어 뜯고 자책하고 계신 분들에게 조금이나마 도움이 될 것아 조심히 글을 적어 본다.

김대중 前 대통령의 생전 말씀을 인용하며 책의 필자가 당부한 말이 있다. '글을 잘 쓰려고 하기보다는 자기만의 글을 쓰는 것이 중요하다.

모든 사람이 글을 잘 쓸 수는 없다. 하지만 자기만의 스타일과 콘텐츠로 쓰면 되고, 이런 점에서 우리 모두는 성공적인 글쓰기를 할 수 있다'고 했다.

필자가 왜 필자의 이 말씀을 인용했냐면 종종 취준생들을 만나 멘토링을 할 때, 자소서를 작성하며 꽤나 심각한 고민을 하는 취준생들을 심심찮게 보아 왔기 때문이다. '저는 글을 잘 못 써서 아는 선배한테 자소서를 좀 부탁하려고 하는데, 괜찮을까요?', '저는 사실 너무 평범하게 살아와서 자소서에 쓸 말이 없어요. 인터넷에 떠도는 자소서들을 적당히 편집하려고 하는데, 인담들이 눈치 못 채겠죠?', '자소서를 생성형 AI한테 써 달라고 해도 될까요?', '제가 아는 어떤 선배가 있는데, 그 형이 자소서 합격의 달인이라네요. 20만 원 주면 자소서 써준다는데, 비싸긴 하지만, 돈을 내고 좀 부탁해 볼까요?'

입사 지원해서 수차례 서류전형이나 면접에서 탈락해 본 경험이 있는 취준생들의 입장에서는 자존감이 많이 낮아져 있을 테고, 특히 대기업 공채가 사라진 요즘 신입 구직자들의 취업 문턱이 현저히 낮아졌다는 점을 감안하면 취준생들이 자신의 Story-telling을 하기보다 원하는 기업에 입사할 수만 있다면 자소서를 누군가에게 맡기는 정도가 아니라, 어학시험이나 면접도 대신 봐 달라고 부탁해도 이상하지 않을 상황이긴 하다.

필자가 취준생들의 그 마음을 100% 이해한다고 하면 거짓말일 거다. 아니, 오히려 늘 면접관의 입장에 있기 때문에 취준생들의 마음에 현실적으로는 공감을 거의 못하고 있을지 모르겠다. 취준생들 입장에서도 필자를 꼰대같이 뻔한, 현실감 없는 윤리 선생님 같은 얘기를 한다고 할 수도 있겠지만, 필자는 여전히 자소서에서만큼은 자신의 얘기를 해 주길 바라고 있다. 자신의 스토리텔링이, 살아온 여정이 목표하는 회사에 채택이 안되거나 해당 직무에 매력적이지 못해 서류전형에 통과하지 못했다 하더라도 당당하게 자기만의 얘기를 잘 정리해 논리적으로 잘 엮어 봤으면 좋겠다. 원하는 직장에 입사하는 것도 인생에 있어 중요한 목표겠지만, 그것보다 더 중요한 건 자신의 자존감을 높이고, 존재 가치를 소중히 하는 게 더 중요하기 때문이다.

이 책의 필자는 이런 말을 하고 있다. '우리는 누구나 저마다의 생각과 스타일이 있다. 생각과 스타일에는 우열이 없다. 자신감을 갖고 자기 생각을 자기 답게 쓰자'고 한다. 다시 돌아와 취준생들의 하소연에 한참 양보해 그들의 지인이 이래저래 자소서를 잘 대필해 서류전형을 통과했다 치자. 그럼 그다음 면접전형은 어떻게 할 건가? 글 쓰는 건 자신 없지만, 면접은 자신 있다는 말인가? 면접 전형에서도 면접관은 입사지원자가 작성한 자소서와 이력을 중심으로 질문을 하게 되는데, 서류전형 합격은 자신 없는데, 이후의 면접은 본인이 잘 할 수 있다고 하는 것도 좀 이상하지 않은가?

또한 이 책의 필자는 '자신의 관점 없이 이 사람 저 사람의 생각을 옮겨서 짜깁기를 하다 보면 흥부의 누더기 옷처럼 정체불명의 총천연색

누더기 글'이 된다고 한다. '자기 세계가 있는 글은 물 흐르듯 술술 읽힌다. 자기 세계가 관점을 만들고, 관점이 있어야 훌륭한 글이 된다'고도 하였다. 최근에도 종종 자소서 맥락이 왔다 갔다 하며 정신없는 경우를 몇 편 보았는데, 아마도 이런 자소서들이 합격한 자소서들을 짜깁기 해서 쓴 글이 아닐까 의심이 될 정도로 일관성이 결여되어 자소서를 읽고 나서 입사지원자가 어떤 사람인지 파악하기가 오히려 더 어려워진 경우도 꽤 있었다.

채용담당자, 면접관들과 면접을 하다 보면 의외로 지원자들이 무슨 말을 하는지 잘 이해가 안 된다는 의견이 꽤 있고, 이해가 안 되는 부분 중 대부분은 자기 주관이나 줏대 없이 왔다 갔다 하여 지원자가 도무지 어떤 사람인지 가늠이 안되어 애석하게도 탈락시킨다는 말을 한다. (자소서도 마찬가지다.) 하지만 반대로 자기 확신을 갖고, 논리적으로 자기 이야기를 엮는 지원자를 보면 면접관도 호감이 가고, 반드시 채용 전형에 합격은 안 되더라도 그 지원자가 어떤 성향의 사람인지는 확실히 짐작이 가서 평가하기가 수월하다.

물론, 다른 잘 쓰인 자소서나 참고 서적들을 보지 말고, 자기 글만 쓰라는 말은 아니다. 기술적인 부분이나 논리 전개 방식 등은 잘 쓰여진 자소서나 전문 서적을 참조하는 게 당연한 일이다. 하지만 그러한 형식을 따르되 내용은 자기만의 스토리텔링으로 꾸며 서류심사 담당자, 면접관과 원활한 의사소통을 해 합격 가능성을 조금이라도 높이길 바란다.

IV

인담 및
면접관의 관점에서

서류심사자의 심리

　취업을 위한 입사전형 중 어떤 전형에서 탈락하는 것이 가장 아쉽고, 억울할까? 회사 입사에 실패한 입사지원자들과 대화를 나누어 보면 대부분 서류 전형에서 탈락했을 때 가장 아쉬움이 남는다고 한다. 우리가 일반적으로 생각할 때는 최종면접에서 탈락했을 때, 가장 아쉬울 것 같은데, 왜 서류전형 탈락이 제일 아쉬움이 많이 남고, 허탈할까?

　서류전형에서 탈락했을 때가 입사 전형 탈락 중 가장 아쉬웠다는 입사지원자들의 이야기를 들어 보면 입사전형 단계 중 자신의 노력이 가장 많이 투입된 전형이기 때문에 제일 아쉬움이 남는다고 한다. 처음 입사지원서를 작성할 때는 생각도 많이 하고, 정성을 들여 자소서를 작성한다. 고치고, 또 고치고, 친구들과 돌려 가며 서로 내용을 봐주기도 하며 작품을 쓰듯 입사지원서 작성에 정성을 많이 들인다. 하지만 서류 전형에서 한 번, 두 번 탈락하기 시작하면 점차 기운이 빠지고,

암만 열심히 자소서를 작성해도 결국 탈락하는 거 대충 써서 제출하자는 심정으로 기존에 작성한 자소서를 복사해 붙여 넣기 한다. 그러다 보면 앞서 서류전형 광탈하는 방법에서 말했듯 회사 이름을 잘못 쓰는 실수를 범하기도 하는 것 같다.

그토록 정성 들여 작성한 자소서가 왜 자꾸 탈락하는 걸까? 엄청난 노력과 시간을 투자한 자소서로 최소 한두 회사에서 서류 전형은 통과해야 하는 거 아닌가? 이는 입사 지원하는 지원자들이 착각하는 흔한 오류가 아닐까 생각한다. 학교 다닐 때는 자기 혼자 열심히 공부하고, 최선을 다해 수업에 참여하면 좋은 성적을 받게 되는데, 자소서는 자기 스스로 아무리 열심히 작성해도 회사에 받아들여지지가 않는 경험을 처음 하게 되면서 좌절한다. 그런데 냉정하게 말하면 그 과정 자체가 사회에 입문하는 첫 관문이자 사회생활의 시작점이라고 볼 수 있다.

사회라는 곳은 열심히, 최선을 다한다고 알아주는 곳이 아니라 결과로, 성과로 얘기해야 하는 곳이다. 특히, 혼자만의 싸움이 아니라, 상대가 있는 경기라는 것을 알아 두었으면 좋겠다. 같이 입사지원한 입사지원자만 고려해야 하는 경쟁 상대가 아니라, 서류심사를 하는 심사자, 면접하는 면접관 모두 입사지원자들이 상대해야 하는 상대방이다. '지피지기 백전불태(知彼知己 百戰不殆)'란 고사성어가 있다. 서류심사에서는 서류 심사하는 심사관이 피 '彼'가 된다. 그들은 어떤 마음으로, 어떤 상태로 서류 심사를 할까?

서류심사를 하는 심사관의 경우 면접관보다 상황이 훨씬 안 좋다. 면접관은 서류심사에 합격한 여러 장의 입사지원서를 읽어 보고, 질문을 고민하는 정도지만, 서류심사자는 몇 천 명, 많게는 몇 만 명의 입사지원서를 다 읽어야 한다. 요즘에는 그나마 인적성 검사, AI 서류 심사, AI 면접 전형이 있어 과도하게 많은 서류를 다 읽어야 하는 수고가 다소 덜어지긴 했지만, 결국 실무 서류전형 심사관들이 읽고, 판단해야 하는 서류는 자신의 온몸이 온전히 묻힐 만큼 양이 많다.

필자의 경우 예를 들면, 약 20년 전 저연차 사원 시절의 이야기이긴 하지만, 목요일 저녁쯤 3천 명의 입사지원서를 화일로 받아 주어진 기준에 따라 각각의 입사지원서를 일일이 정독하고, 20명의 면접 대상자를 선발하라는 임무를 받았던 적이 있었다. 목요일, 금요일 내내 입사지원서만 읽고, 그것도 모자라 토요일, 일요일까지 꼬박 서류 심사하는 데 모든 시간을 보내고 나서야 겨우 월요일 아침 면접대상자들을 선발해 회사에 제출했다.

당시의 기억을 떠올려 보면, 제일 처음 서류전형을 시작할 때는 필자가 입사지원서를 작성할 때 기울였던 시간과 노력을 생각해 한 글자, 한 글자 놓치지 않고, 행간의 의미를 파악하기 위해 신중하게 읽어 나갔다. 오탈자가 생기면 체크도 하고, 아쉬운 부분은 멘트도 달아 가며 자소서를 작성한 지원자의 노력에 누가 되지 않도록 지나치다 싶을 정도로 꼼꼼하게 살펴보았다. 그런데 목요일 하루 종일 겨우 50명 정도의 입사 지원서만을 검토하면서 좌절을 했다. 이제 2,550개의 자소서가 남았는데, 월요일까지 20명의 서류전형 합격자를 선발해 내야 했던 것이다. 또한 자소서의 내용이 대동소이했기 때문에 자소서를 꼼꼼히 다 읽는다는 것은 너무 지루했고, 자소서를 읽으면서도 이 다음에는 어떤 내용이 나올지 짐작을 할 수 있을 정도였다.

입사지원서를 꼼꼼히 보면서 서류전형을 해 보니, 서류전형 합격자를 선별해 내기 위한 마감을 맞추는 것은 불가능해 보였고, 시간이 지날수록 점차 더 엄격한 심사기준으로, 비판적으로 자소서를 보게 되었다. 오탈자가 하나라도 있는 경우, 직무와 연관되지 않은 분량 채우기성 멘트가 있는 경우는 우선적으로 걸러 내며 엄격하게 심사했다. 그 결과 일요일 새벽이 되어서야 서류심사가 겨우 끝났는데, 그 고생을 했는데도 이제 겨우 450명 정도가 선발되어 있었다. 이 중 재심사를 통해 20명을 선발해야 하는데, 450명은 누가 서류전형에 합격해도 이상할 것이 없는 지원자들이라 나 스스로 고민하고, 고민하며 괴로워했었다. 그 즈음부터는 반드시 우리 회사에 입사해야 하는 지원자, 면접전형에서 꼭 만나봐야 하는 이유가 있는 지원자들을 중심으로 서류심사를 재차 진행했고, 그렇게 해서 선발된 인원도 150명 정도가 되었다. 그렇게 재차 서류심사를 끝낸 게 일요일 저녁이었다.

대기업 입사에 성공한 필자보다도 자소서를 더 잘 썼다고 생각하는 150명 중 자소서 작성 끝판왕 20명을 골라내는 일은 필자 스스로도 너무 고통스러웠다. 한 사람의 인생을 좌우할 수 있는 회사 입사 서류전형에서 아무 잘못 없는 지원자를 탈락시킨다는 건 겪어 보지 않은 사람은 알 수 없는 괴로움과 고통의 시간이었다.

결국 월요일 새벽이 되어서야 겨우겨우 20명의 면접대상자들을 선발했지만, 월요일부터는 서류심사자들이 각자 선발한 입사지원자들의 입사지원서를 재차 서로 비교하며, 다시 1차 면접 대상자의 인원을 줄여 나갔다.

'서류전형에서 광탈하는 방법'을 이야기하면서 몇 가지 주의 사항을 제시했다. 사실 이는 필자가 서류심사를 하며 경험했던 일이다. 회사명을 엉뚱한 회사로 작성한 지원자, 지나치게 적은 분량으로 자소서를 작성한 지원자, 오탈자가 많은 지원자 등등을 서류전형에서 우선적으로 탈락시켰다. 물론, 일상 생활에서 본 글이라면 적당히 지나칠 수 있는 가벼운 실수들인 경우도 있었지만, 입사지원 서류를 심사할 때는 경쟁률이 워낙 높기 때문에 아주 엄격한 기준이 제시될 수밖에 없는 것이다.

이 같은 서류심사자의 상황과 심리를 생각해 보면 입사지원자의 입장에서는 어떻게 입사지원서를 작성해야 할지 짐작이 갈 것이다. 물론, 입사지원서를 작성한 지원자의 노력이 부족했다는 말은 아니다. 최선을 다했고, 엄청난 시간과 노력을 기울였을 것이다. 다만, 이런 노력을 하기 전에 서류심사자들이 어떤 생각으로, 어떤 태도로 서류심사를 하는지 한 번 더 생각해 보고, 입사지원서를 작성한다면 그래도 서류전형 통과하는 데 좀 더 가까이 갈 수 있지 않을까 생각한다.

대필(代筆)

이 글의 제목만 보면 범죄 행위 같기도 하고, 뭔가 불순한 의도가 있어 보이는 단어라 다소 자극적이다. 왠지 '사건'이라는 단어와 어울릴 것 같아 '대필사건'이라고 해도 전혀 이상하지 않을 정도로 평범하지 않은 단어다. 그런데 필자가 아는 지인으로부터 들은 이야기는 이 단어를 사용해도 좋을 정도로 다소 충격적이었다.

수년 전 채용 나갔던 대학교에서 취업을 담당하는 선생님으로부터 전해 들은 이야기다. 취업담당 선생님은 별 일 아닌 듯 덤덤히 말씀하셨지만, 필자가 듣기에 다소 놀라운 이야기라 전달을 해 보고자 한다. 그 선생님의 얘기인 즉, 취업 준비생들이 마음이 급한 나머지 자기소개서를 작성할 때 다른 사람에게 돈을 주고 의뢰하는 경우가 종종 있다는 거다. 자소서 한 편당 20만 원~40만 원 정도의 시세로 작성을 해 주고 있다며 구체적인 액수까지 얘기를 해 주셨다. 의외로 꽤 많은 학생들이 이 같은 '대필 시스템(?)'을 이용하고 있다는데, 놀라웠다. 어떻게 자기가 작성해야 할 자기소개서를 누군가에게 부탁을 하고, 그것도 모자라 대가로 돈을 지불하며, 심지어 그것만 전문적으로 하는 사람이 있다니…. 도대체 어떤 사람이 대필을 하고, 어떤 학생이 대필을 의뢰하고 있는지 한 번 만나 보고, 얘기를 들어 보고 싶을 정도로 충격적이었다.

그 이야기를 듣고 실망스러웠던 것은 세 가지였다. 첫째, '과연 자기소개서 한 편 자신 있게 작성하지 못해 다른 사람에게 의뢰하는 취준생이 사회에 나가 자신의 역할을 스스로 해낼 수 있을까?'였고, 다른 하나는 '평생 자기가 먹고 살아야 할 직업을 선택하는 데 있어 자신의 이야기를 다른 사람에게 맡길 만큼 자존감이 낮은 건 아닐까?'였으며, 마지막으로 '부모님이 힘들게 일해서 어렵게 번 돈을 조급한 마음에 사기를 당하는 것은 아닐까?'였다. 처음 두 가지 실망은 동시대를 살아가는 선배로서 걱정이 되었던 것이고, 마지막은 딸을 가진 한 아이의 부모로서 마음이 아팠다.

그래서 취업을 담당하는 선생님께 다시 여쭈어 보았다. '그렇게 하면 합격할 수 있답니까?' 물론, 취준생이 카더라고 한 얘기였겠지만, 대필을 해 준 자소서는 일단 서류전형은 모두 통과했다는 거다. 아~~ 이쯤 되니 누군가는 이런 속임수로 돈을 벌고 있을 거고, 다급한 마음에 누군가는 이런 식으로 돈을 버리고 있겠구나 싶은 생각이 들어 이 시대를 살아가는 인사쟁이로서 마음이 아팠다.

물론, 소설가나 시인처럼 글을 잘 쓰는 사람이 있을 수 있고, 글쓰기를 통해 다른 사람을 매료시키는 역량이 뛰어난 사람이 있을 수 있다. 하지만, 자기소개서는 글 쓰는 능력을 검증하는 것이 아니라, 각자 어떻게 자라 왔고, 어떤 생각으로 회사에 지원했으며, 회사에 입사하고 나면 어떻게 생활하겠다는 각오를 보고자 하는 것인데, 글을 잘 쓰는 누군가가 거의 100%에 가까운 확률로 대기업의 서류전형을 합격시켜 줄 수 있다? 이건 불가능한 일이라고 생각한다. 정말 넉넉하게 양보하여 취준생이 자소서를 작성하면 이를 검토하고, 퇴고하여 자소서를 읽는 면접관으로 하여금 흥미를 유발할 정도가 되어 서류전형 합격률이 100% 가깝게 된다는 것은 말이 될 수도 있겠지만, '자소설'을 작성해 합격률을 높일 수 있다? 글쎄….

필자가 이토록 의구심을 품는 이유는 우선, 회사별로 인재상이 각각 다르고, 서류를 심사하는 사람들의 성향이 각각 다르기 때문에 그 같은 결과가 나올 수 없기 때문이다. 수백 대 일, 수천 대 일의 경쟁률을 기록하고 있는 대기업 서류심사 전형을 통과한다는 것은 종잇장 한 장도 안 되는 아주 근소한 차이인데, 누군가 한 사람의 역량으로 자소서를 거의 100%에 가깝게 합격시킨다는 것은 불가능한 일이다. 필자가 하도 어이가 없어서 '그럼, 그 자소서를 대필해 주시는 분 직업은 무엇이랍니까? 대기업 다니시는 분이라면 대필해 줄 시간도 없을 텐데요.' 하고 물으니, 학생들 얘기로는 편의점에서 알바를 하고 있다고…. 어이없는 웃음을 지어야 할 타이밍에 필자는 버럭 화를 내고 말았다. 취준생들의 절박한 심리를 이용해 돈벌이를 하는 사람이 있나 본데, 그런 사람은 반드시 잡아내야 한다고.

이제 고등학생인 필자의 아이가 자라서 취업을 하고자 할 때 저러지 말란 법이 없다. 아빠가 아무리 인사, 채용 분야 전문가라 하더라도 아빠는 가족이니까 왠지 못 믿겠고, 누군가가 감언이설로 세상 물정 모르는 아이를 꼬드기면 그대로 속아 넘어갈 것 같아 마음이 심란했다.

취준생들에게 분명히 말하고 싶은 것은 절대 누군가 대필(代筆)해서 자소서를 써 준다고 해도 어쩌다 한 두 회사의 서류전형을 통과할 수 있을지 모르지만, 절대 높은 확률로 대기업의 서류 전형에 합격할 수 있다는 것은 시스템상 있을 수 없다고 말이다. 자소서는 자소설이 아니다. 글쓰기 능력이 아니라, 자신이 살아온 인생과 앞으로 살아가야 할 삶에 대한 가치관을 확인하고자 하는 문서인데, 누군가 나를 전혀 모르는 남이 절대적으로 100점에 가까운 평가를 받을 수 있는 자소서를 작성할 수는 없다.

불안하더라도 자소서는 스스로 작성했으면 좋겠다. 본인이 작성한 자소서를 가지고 부모님이나 선배에게 조언을 구하는 것은 적극 추천하지만, 처음부터 누군가에게 자소서 작성을 맡기고, 그에 대한 대가로 금전을 지불하는 불행한 일은 절대 없기를 바란다. 자소서를 작성하고, 면접을 보고, 회사에 입사하게 되면 앞으로 죽을 때까지 자신의

인생은 오롯이 자신이 책임을 져야 한다. 그 시작부터 누군가에게 말
도 안 되는 도움을 요청하고, 그 대가로 어렵게 번 돈을 지불하는 어리
석은 일은 하지 않았음 좋겠다.

인사담당자가 말하는 호감 가는 입사지원자

일반적으로 채용 면접 시, 첫 인상이 면접의 당락에 큰 영향을 미친다고 알고 있다. 그런데 대부분의 사람들이 첫 인상이라고 하면 외모의 매력도라고 생각하기 쉬운데, 채용 면접에서 말하는 첫 인상이란 외모나 생김새보다는 표정과 태도, 마음가짐을 주로 말한다. 그렇다면 인사담당자들이 생각하는 좋은 표정과 태도, 마음가짐, 다시 말해 호감 가는 지원자는 어떤 사람일까?

취업포털 '사람인'에서 기업 인사담당자 156명을 대상으로 신입사원 면접 시, 인재를 선택하는 기준을 물어보았다.

그 결과 인사담당자가 입사지원자로부터 함께 일하고 싶은 지원자라는 인상을 받는 요소는 다음과 같았다.

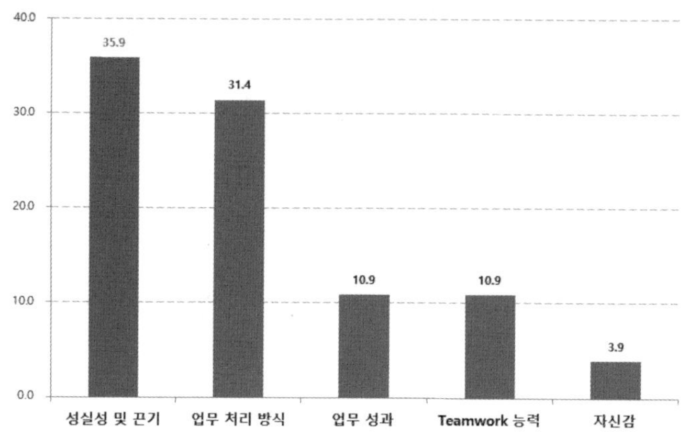

취업포털 '사람인' 인용

1. 성실성 및 끈기 (35.9%)

2. 업무 처리 방식 (31.4%)

3. 업무 성과 (10.9%)

4. Teamwork 능력 (10.9%)

5. 자신감 (3.9%)

그렇다면 인사담당자들은 이런 역량, 성향들을 어떻게 판단할까? 이
런 요소들은 객관식, 주관식 시험으로 평가될 수 있는 사항들은 아니
고, 에세이를 통해서도 평가가 불가능한 덕목들이다. 아주 오래 전 우
스갯소리로 S그룹 면접장에는 용한 점쟁이가 배석해 관상을 본다는
얘기도 있었다. 너무 오래전 일이라 진실은 모르겠지만, 지금 대기업
채용에서는 말도 안되는 얘기다. 그렇다면 인사담당자, 면접관들이 점

쟁이 역할을 하고 있는 걸까?

최근에는 이러한 역량, 성향을 파악하기 위해 역량 면접이라는 면접 방식을 활용한다.

'성실성 및 끈기'를 검증하기 위해 "성취하기 힘든 일을 부단하고, 끈기 있게 노력하여 결국 달성한 경험이 있습니까?", "어떤 노력을, 얼마나 오랜 시간 동안 했습니까?", "다른 사람이었다면 그런 성실성을 발휘하지 못했을 것 같습니까?", "그 일의 성과를 달성하는 데, 본인만의 성실성과 끈기의 경쟁력은 무엇이었다고 생각합니까?" 등의 질문을 통해 회사에서도 달성하기 어려운 목표가 주어졌을 때, 입사지원자가 얼마나 성실하고, 끈기 있게 직무를 수행할지를 구두로 테스트하게 된다.

독자들에 따라서는 '그냥 모범답안을 말하면 되는 거 아닌가?', '준비해서 대충 꾸며 대고, 지어서 말하면 되는 거 아닐까?' 하고 생각할 수도 있겠지만, 훈련받은 면접관들이 그 정도로 어리석지 않다. 실제로 우러나온 경험에서 하는 답변인지, 진심으로 그 경험을 통해 배운 내용이 있는지, 친구의 이야기나 꾸며서 한 이야기인지는 확연히 구분을 할 수 있다. 그리고 그런 경험이나 에피소드가 실제 지원자가 경험하고, 느낀 것이라면 면접관들은 바로 탐침(探針) 질문을 통해 재차 확인하고, 검증을 한다. 이를 역량 면접이라고 하는데, 역량 면접이란 사람의 성격, 성향 등이 쉽사리 변하지 않는다는 점을 기본 전제로 하여 과거의 경험을 통해 미래의 유사한 상황에서 그 사람이 어떤 방식으로 대응할지를 검증하는 면접 방식이다. 따라서 과거에 무언가를 성실하게, 끈기 있게 노력하여 다른 사람들이 할 수 없는 좋은 결과를 달성했다면 회사에 입사해서도 어려운 목표를 달성하기 위해 그 당시와 유사한 성실성과 끈기를 보일 것이라 유추하는 것이다.

업무처리 방식 및 업무 성과와 관련된 테스트는 업무 수행과 유사한 과제를 부여하고 시뮬레이션하여 테스트하는 방식으로 검증한다. 예를 들어, 다양한 자료를 부여하고, 정해진 시간 내에 문제해결 하는 과정과 결과를 보며 업무 처리 방식 및 성과를 측정한다. 대표적인 방법으로 인바스켓(In Basket)이라는 방법이 있는데, 다양한 자료를 부여하고, 일 처리하는 것을 관찰하여 업무 처리 순서, 업무 처리 방법 등을 검증한다. 각각의 면접 방법에 대한 것들은 뒤에 다시 설명하도록 하겠다.

역량을 검증하는 방법을 다음과 같이 예를 들어 보겠다. 면접관이 팀워크 역량을 검증하고 싶다면 피면접자의 실제 협업 경험에 대해 역량 면접 방식으로 면접을 진행하거나 커뮤니케이션 스킬을 검증한다. 특히, 팀워크 역량은 인성검사를 통해서도 도출될 수 있는 역량이므로 인성검사 결과지를 보며, 인성검사 결과가 정확한지 확인하는 질문을 하기도 한다.

또 하나의 예를 들면, '자신감'이라는 인성을 검증하고자 하는 경우다. 예전에는 '다 할 수 있습니다', '자신 있습니다'를 크게 외치는 것만으로도 패기 있고, 적극적이라 판단하여 면접에서 큰 가점을 받았다면, 합리적이고, 이성적인 기준으로 면접을 보는 최근에는 '자신감'이라는 덕목을 상대적으로 덜 중요하게 여기지만, 역량 면접 시 연세 지긋하신 팀장이나 인성 면접을 보는 임원들과 같이 자신감이 중요한 덕목이던 시대를 지나오신 분들에게는 여전히 자신감이 중요한 덕목으로 유효하다. 이는 인성검사를 통해 도출되는 경우도 있지만, 아직까지는 목소리 크고, 당당해 보이는 지원자에게 높은 점수를 주는 경향이 있어 이런 태도를 보이는 피면접자들에게 좋은 점수를 부여하기도 한다.

외모가 채용의 당락에 영향을 미칠까?

UCLA 심리학과 교수인 Albert Mehrabian은 의사소통 과정에 있어 비언어적 요소를 연구하였고, 비언어적 요소가 의미전달의 93%를 차지한다고 밝혔다. 비언어의 유형으로는 몸짓, 표정, 음성의 어조, 강약, 고저 등도 포함된다고 하였다. 그에 따르면, 첫 인상을 결정짓는 요소 중 외모가 80%, 목소리가 13%, 인격이 7%를 차지한다고 하였다.

많은 입사지원자들이 자주 묻는 질문 중 하나가 '첫인상이 면접 전형의 결과에 영향을 미치는가?'이다. 한 채용 포털에 의하면 인사담당자의 80.6%는 채용 시 입사지원자의 첫 인상을 고려한다고 답했는데, 위에서 말했듯이 첫 인상 중 특히, 외모가 면접 당락의 큰 비중을 차지하고 있다고 볼 수 있다. 심지어 인사담당자 약 73%는 면접 전형에서 첫 인상 때문에 입사지원자에게 감점을 준 적이 있다고 밝혔다. 이런 기사나 소문을 접한 입사지원자들은 심각하게 성형수술까지 고려한다고 한다.

필자가 만난 입사지원자들이 생각하는 첫 인상은 대체로 매력적인 외모를 말하는 것 같다. 잘생기고, 균형 잡힌 눈, 코, 입, 예쁜 외모, 호감 가는 인상에 주로 관심을 갖는 경향이 있는데, 인사 담당자들이나 면접관이 말하는 외모는 사실 그런 것과는 거리가 멀다. 면접 전형에서의 첫 인상이란 잘 생기고, 매력적인 외모를 말한다기보다는 오히려 일을 잘 할 것 같은 인상, 신뢰감 있고, 성실해 보이는 첫 인상을 말한다. 각 회사의 조직문화에 어울릴 것 같은 인상, 밝고, 긍정적인 지원자를 두고 대체로 첫 인상이 좋다고 한다. 매력적인 외모 자체 보다는 표정이나 좋은 인성을 어떻게 표현하느냐가 첫 인상에 더 가깝다고 생각하면 된다.

그런데 면접관들이 성실하고, 일을 잘할 것 같은 인상을 어떻게 판별해 낼까? 그들이 점쟁이도 아니고…. 그런데 면접관으로 여러 번 참석을 하고, 사람들을 자주 만나다 보면 그 사람의 눈빛, 말투, 인상 등을 통해 그 사람에 대해 추측할 수 있는 데이터가 쌓이고, 그 데이터를 바탕으로 피면접자를 판단하게 된다. 물론, 이는 확률의 문제라 정확하지는 않지만, 그래도 면접 경험이 많고, 데이터가 많이 쌓인 면접관의 경우 그 확률은 점점 더 높아진다. (물론, 최근에는 이런 느낌적인 느낌이나 편견을 보완하기 위해 AI면접이나 인적성 검사 등을 같이 활용하고 있다.)

　그럼, 면접관들은 왜 성실하고, 긍정적인 피면접자를 선호할까? 그 이유는 같이 일을 하는데, 긍정적이고, 적극적인 동료가 있으면 의지가 되고, 즐겁게 일할 수 있고, 업무를 부여하더라도 안 되는 이유를 찾기보다 업무가 성공적으로 달성될 수 있도록 최선의 노력을 다할 것이라 예상되기 때문이다. 즉, 직무를 믿고 맡길 수 있는 사람을 구하기 위해 입사지원자의 첫 인상을 보게 되는 것이다.

　면접 전형을 앞두고 있다면 외모의 매력도만 챙기기보다는 그간 살아온 인생이 어떠했는지 한 번 되돌아보고, 직장 생활을 하는 데 있어 어떤 인성이 필요한지를 돌아보면 좋겠다. 긍정적인 인상 및 태도와 내면의 아름다움, 매력을 한 번 더 점검해 보는 것이 면접 전형의 첫 인상을 좋게 하는 방법임을 명심하기 바란다.

V
면접 개요

면접 대기 시간에는 무엇을 하시나요?

　면접을 보러 가면 면접 대기 시간에 무엇을 하시나요? 서류전형에 합격해 면접을 보러 가게 되면 면접 전형에 참석하기 전 대기하는 시간이 있다. 짧으면 30분에서 길면 3~4시간까지도 대기를 하는 경우가 있는데, 그 시간에 무엇을 해야 할까? 면접 대기실 관리는 일반적으로 인사팀에서도 저 연차 사원이 담당하게 되는데, 대부분 신입 입사지원자들과 비슷한 나이의 직원들이 면접 대기실을 관리하게 된다. 필자가 면접 대기실을 관리할 때는 대학교 친구들이 입사지원자로 와서 인사하는 경우도 종종 있었고, 심지어 고시공부를 하거나 취업이 다소 늦은 지원자의 경우 필자보다 나이가 많은 지원자들도 있었다. 대부분 면접 대기자들은 면접 준비에 한창이기 때문에 면접 대기실을 관리하는 직원들을 신경 쓰지 않고, 본인의 용무를 보곤 하는데, 입사지원자들은 대부분 무엇을 하고 있을까?

취업포털에서 57개 대기업을 대상으로 '면접 대기 시간을 평가항목으로 두는가?'라는 질문으로 조사한 바로는 22.8%의 기업이 면접 대기 시간을 평가하거나 참조한다고 답했다. 그렇다면 각각의 기업들은 면접 대기 시간을 어떻게 평가할까?

필자가 경험한 바로 면접 대기 시간에는 입사지원자들이 그다지 긴장하지 않는다. 왜냐하면 대부분 자기 또래의 친구 같은 직원들이 면접 대기장에 자리하고 있고, 면접장에 입장해서야 면접으로써 평가를 받는다고 생각하는 경향이 있기 때문이다. 하지만 필자의 경험상 면접 전형을 모두 마치게 되면 인사팀 내에서는 면접대기장에서 근무했던 저연차 직원들에게 최종적으로 입사지원자들의 태도를 체크한다. '혹시 문제 일으키거나 태도가 유달리 불량했던 지원자가 없었는가?'라고 말이다.

당시 필자에게 입사지원자들이 했던 질문 중 지금까지도 기억에 남는 몇 가지 질문들이 있어 소개해 보고자 한다. '회사에서 돈 많이 줘요?', '신입사원 연봉이 높다고 알고 있는데 진짜 그만큼 줘요?', '퇴근은 몇 시에 해요? 야근은 많아요?', '(친구들과 대화하며) 내일 다른 회사 면접인데, 거기 합격하면 난 거기 갈 거야!', 면접 대기장에서 큰 소리로 전화 받는 지원자, 엎드려 자는 지원자, 면접 안내하고 있는데 스마트폰 보고 있는 지원자 등등 다양한 모습의 지원자들이 있었다.

물론, 그런 질문을 하는 지원자들 입장에서는 나이도 비슷하고, 친근하다고 생각해 친구에게 궁금한 점을 묻듯 질문하는 것이겠지만, 질문을 받아들이는 직원의 입장에서는 다소 무례하다고 생각되는 경우도 많다. 특히, '솔직하게 작년 원천징수 영수증에 얼마 찍혔는지 말해 달라'고 공개적으로 질문하거나 퇴근 시간이 왜 늦는지 따지듯이 질문하는 경우는 사실 좀 황당하다. 필자에게 해명을 요구하는 건지, 따지는 건지….

대부분 그런 지원자들이 우리 회사에 입사하고 싶은 마음이 없기 때문에 무례하게 굴었던 것인지 모르겠지만, 나중에 체크해 보면 그런 지원자들이 면접전형에서도 탈락한 경우가 많다. 필자가 생각하기에 기왕 면접까지 보러 온 거, 이 회사와 인연이라면 인연일 수 있는데, 예의를 갖추고 끝까지 최선을 다해 보고 결과를 기다렸다면 인상이 좋게 남지 않았을까 하는 아쉬움이 남는다.

그럼, 면접 대기장에서는 어떤 행동을 해야 할까? 필자가 다양한 매체와 기업들을 통해 알아본 바람직한 면접 대기장에서의 태도는 다음과 같다.

1. 조용히 책을 읽거나 준비해 온 스크랩북을 읽는다.
2. 회사 직무에 관심을 보이고 질문한다.
3. 면접대기실을 관리하는 인사담당자의 말을 잘 따라 준다.
4. 회사의 미래 사업과 관련해 질문한다.

5. 성실하고, 열의 있게 보인다.

등이 가점 받는 행동을 하는 지원자들이다. 이는 필자의 경험이 아니라, 다양한 기업들이 제시한 모범적인 표준이니, 참조하길 바란다. (회사명은 보안 관계상 밝히지 않음)

그렇다면 면접대기장에서 감점 요인이 되는 입사지원자의 행동은 어떤 것들이 있을까?

1. 이성 친구를 데리고 와 수다 떤다.
2. 부모님과 면접대기장에서 같이 대기한다.
3. 전화 받으러 왔다 갔다 한다.
4. 지원하는 회사에 대해 비방한다. (작은 소리로 말하지만 다 들린다.)
5. 인사담당자의 눈에 거슬리게 튀게 행동한다.
6. 남자의 경우 자켓을 벗어 두거나 여자의 경우 샌달을 신고 온다.
   (서비스직 면접)
7. 면접 진행자의 질문에 성의 없게 대답한다.
8. 지각한다.
9. 열의가 없고, 딴짓한다.
10. 앉아 있는 자세가 불량하다.

다소 구체적으로 감점 사유를 밝힌 회사들도 있었는데, 대부분의 경우 필자도 경험해 본 일들이라 그렇게 놀랍지는 않다.

　　면접전형에 참석한 입사지원자 본인은 인지하지 못했겠지만, 면접전형에 참석하기도 전에 인사담당자의 마음 속에서 탈락하는 안타까운 경우가 종종 있다. 실제 역량이 뛰어나고, 면접을 잘 본 경우에도 면접장 안과 면접장 밖에서 태도가 180도 다르다는 이유로 면접 합격자에서 탈락자로 변신하는 경우도 있다. 면접은 당일 날 집에서 면접장으로 출발하는 순간부터 시작된다고 생각하고, 그날은 어디에 있던, 무엇을 하던 각별히 주의를 기울여 본인의 역량이나 실력 이외의 것으로 평가에 불이익 받는 일이 없기를 바란다.

知彼知己 百戰不殆 Vol. 2

　면접관은 주로 어떤 사람들일까? 면접이라 하면 대면면접, PT 면접, 토론 면접, 창의성 면접 등 다양하지만, 일반적으로 1차 면접이라고 하는 실무면접과 2차면접이라고 하는 인성면접으로 나누어 볼 수 있다. PT 면접, 토론 면접 등의 프로세스도 대부분 실무면접관들이 심사위원으로 참석하는 경우가 대부분이므로 실무면접과 인성면접으로만 구분해서 이야기해 보겠다.

　실무면접관의 연령대는 30대 중반에서 40대 초반 정도로 보면 되고, 그 중 나이가 많은 사람이 포함되어 있다면 지원한 분야의 팀장이나 초급 임원일 확률이 높다. 실무면접관들은 어떤 성향을 가지고 있을까? 스스로 아직은 젊다고 생각하여 열정도 있고, 직무에 대한 몰입도가 높을 가능성이 크다. 자신이 담당하고 있는 직무에 대한 자부심도 클 것이고, 실무 역량을 경쟁력이라 생각하는 경향이 있다. 대체로 직무 자체에 대한 관심과 학구적인 기초가 탄탄한 사람들을 선호하는 편이다. 다만, 직무별로 실무면접관들의 개인 성향 차는 별론으로 해 여기서는 다루지 않겠다. 예를 들어, 영업 분야 실무면접관은 활발하고, 씩씩하고, 사교적인 성향일 가능성이 크고, 연구개발(R&D)의 실무면접관은 보다 디테일을 강조하고, 차분한 성향일 가능성이 높다.

인성면접관은 50대 초중반의 연령대로 보면 될 것이고, 다소 젊어 보이는 사람이 한 명 있다면 인성면접을 진행하기 위해 배석한 인사팀장이나 인사 담당 임원일 가능성이 높다. 이분들의 특징은 사교적이고, 자부심에 가득 차 있고, 회사 및 사업에 대해 자긍심이 강하다. 이 분들은 대체로 밝고, 긍정적이며, 씩씩한 지원자들을 선호하는 경향이 있다. 밝고, 긍정적인 성향은 주로 지원자의 표정이나 질문에 답하는 모습을 보고 판단하고, 씩씩하게 의사소통을 잘 할 수 있을지에 대한 판단은 눈빛, 말투, 목소리 등으로 추측한다. 대체로 인성면접관들은 삶의 경험과 사람들을 대해 보았던 과거의 느낌으로 판단을 한다. 질문에 대한 답변은 각각의 경우에 따라 다르기 때문에 여기서는 생략한다.

취준생들의 대부분은 면접 준비하는 것을 어려워한다. 어떤 방식으로 진행되는지, 어떤 질문이 나올지에 대해서는 인터넷을 검색하거나 생성형 AI에 질문을 던져 다양한 정보를 학습할 수 있지만, 본인이 왜 탈락했는지, 어떤 부분을 보완해야 할지 등의 정보는 피드백 받기 어렵고, 자기에게 맞춘 조언을 얻을 곳은 없기 때문이다. 혹여 본인이 면접 과정에 대해 분석하고, 무엇이 문제였는지 추측해 보는 경우도 자의적인 판단이 들어가 잘못된 추측을 하고 있는 경우가 다반사다. 왜냐하면 면접관과 세대와 성향이 달라 세대차로 인해 가치관과 판단 기준이 다른 경우가 많고, 직무전문가가 초심자인 취준생을 보는 시각도 완전히 다르기 때문이다.

예를 들어, 피면접자에게 왜 면접에 탈락했다고 생각하는지 이유를 물어보면, 전문적인 질문에 답을 제대로 못했다고 하는 경우가 간혹 있는데, 사실 면접관이 대학을 갓 졸업한 피면접자들에게 직무와 연관된 전문적인 질문을 할 때 그들이 제대로 대답할 것이라고는 기대하지 않는다. 이 질문에 제대로 대답을 하면 '+@'가 되는 것이지, 깊이 있는 질문에 답을 못했다는 사실만으로 피면접자를 면접 전형에서 탈락시키진 않을 것이고, 오히려 기본적인 질문에 답을 잘해 '혹시 이것도 알고 있을까?' 하고 가점을 주기 위해 깊이 있게 질문하는 경우는 종종 있다. 만약 본인이 면접에서 탈락을 했다면, 다른 관점에서 면접 탈락의 원인을 찾아 보완해야 하는데, 본인 또는 또래 친구들의 조언을 듣고, 잘못된 판단으로 헛노력을 하는 경우가 있어 다소 안타깝다.

필자의 지인도 면접에서 탈락 후, 자가진단을 통해 질문에 대한 답변이 충분하지 못했다고 생각해 질문에 대해 보다 자세하게 답하는 훈련을 열심히 했다. 그럼에도 불구하고 이후 수차례 면접에서 반복해 탈락하고 나서야 면접 진행자에게 탈락 이유를 살짝 물었더니, 오히려 '질문에 대한 답변이 너무 장황해서' 탈락했다고 조언해 주었다고 한다. 취준생의 입장에서는 최대한 자세하게 본인의 의견을 피력하고, 설명하고 싶겠지만, 촌각을 다투는 일을 하는 직무전문가, 면접관 입장에서는 장황한 설명이 변명처럼 느껴져 제대로 알고, 간략하게 요약된 답변을 더 선호했던 것이다.

제대로 된 방향성을 모르고, 무조건 열심히만 하거나 또래 친구들과 면접 시뮬레이션을 하는 것보다 면접관으로서 면접에 참석할 만한 선배에게 조언을 구하거나 부모님과 상담 후, 면접 준비를 하는 것이 더 효과적이지 않을까? 비전문가의 입장에서 스스로 문제점을 진단하지 말고, 주변 전문가에게 조언을 구해 효율적으로 면접전형을 준비하길 바란다.

면접 태도 Vol. 1

취준생 중 종종 필자에게 면접장에 들어가 어떻게 앉아 있어야 하는지, 시선은 어디에 두어야 하는지, 다른 지원자가 발언할 때 어디를 보는 것이 좋은지 등에 대해 묻곤 한다. 면접관 입장에서는 사실 그거까지 생각을 할 필요가 없어 '그냥 자연스럽게 있으면 돼요'라고 답을 하곤 했었는데, 곰곰이 생각해 보니 피면접자 입장에서는 난감한, 낯선 상황이라 이러지도, 저러지도 못할 것 같긴 해 '자연스러운 태도'에 대해 간단히 소개해 볼까 한다.

1) 자세를 약간 앞으로 하여 등받이에 기대지 않음

등받이에 몸을 기대는 것이 나쁜 것은 아니지만, 경험상 등받이에 몸을 기대게 되면 면접이 진행될수록 점점 눕는 자세가 된다. 긴장감 없어 보이고, 심한 경우는 건방져 보이는 경우도 있다.

2) 주먹을 살짝 쥐고 자연스럽게 무릎 위에 올림

반드시 주먹을 쥐고 있을 필요는 없지만, 손을 무릎에 얹고 있는 것이 자연스럽다.

3) 표정은 자연스럽게 미소 지음

쓸데없이 웃으면 진지하지 못하거나 가볍게 보일 수 있고, 인상을 쓰면 면접관들이 편하게 질문을 하기 곤란해 살짝 미소 짓는 표정을 지어 편안한 분위기를 조성한다.

4) 면접관들과 번갈아 가며 2~3회 아이컨택

지원자에 따라 한 면접관만 뚫어져라 보는 경우가 있는데, 이는 서로 민망해질 수 있고, 땅을 쳐다보거나 허공을 바라보는 경우는 대화의 기본인 아이컨택이 안 된다고 좋지 않은 평가를 받을 수 있으므로 면접관들을 고루 쳐다보며, 자연스럽고, 편안하게 미소를 짓는 것이 가장 바람직하다.

5) 타 지원자 답변 시, 답변하는 지원자 응시함

타 지원자가 답변할 때, 면접관을 쳐다보고 있거나 허공을 바라보고 있다면 발언하는 지원자에 대한 예의가 없다고 생각될 수 있고, 공감의식이 없다고 오해를 살 수도 있다.

이 외에도 면접 시 피면접자가 피해야 할 태도로는 다음과 같은 것들이 있다.

1. 시선이 허공을 향하거나 땅을 쳐다보는 태도
2. 등을 의자 등받이에 기대 앉는 태도
3. 수시로 머리나 코를 만지는 등의 어수선한 태도
4. 다리를 지나치게 벌려 앉는 태도
5. 타 지원자 답변할 때 딴짓하는 태도

　면접보는 것을 영어로 인터뷰한다고 하듯이 자연스럽게 면담하는 태도로 면접을 임하면 될 것 같은데, 우리나라에서 면접을 본다고 하면 상황이 권위적이고, 딱딱하다 보니, 긴장하고, 어떤 태도로 임해야 할지 당황하는 지원자들이 생각보다 많다. 위의 유의사항들을 유념하고, 최대한 자연스럽게 면접에 임하면 답변에 따라 합격의 영광을 누릴 수 있는 확률이 높아질 것이다.

면접 태도 Vol. 2

'면접 태도 Vol. 1'에서는 피면접자가 어떤 태도로 면접에 임해야 하는지에 대해 알아봤다면, '면접 태도 Vol. 2'에서는 피면접자가 면접관의 면접 질문을 듣고, 답변하는 과정에서의 태도에 대해 이야기해 보도록 하겠다.

1) 질문을 '끝까지' 듣고, 요약해서 리마인드

피면접자 중, 간혹 성격이 급한 지원자들의 경우, 면접관의 질문이 채 끝나기도 전에 면접관의 말을 가로채 답변을 하는 경우가 있는데, 이 경우 면접관에 따라 신중하지 못하다는 평(評)을 하는 경우도 있고, 무례하다고 생각하는 경우가 있다.

따라서 면접관의 질문을 끝까지 잘 경청해서 듣고, 질문의 요지가 무엇인지를 요약해 리마인드하여 면접관에게 이 질문이 맞는지 확인할 필요가 있다.

2) 질문을 받으면 4~5초간 생각해서 답변

피면접자 중, 면접관의 질문에 대해 퀴즈에 답하듯 질문이 끝나자마자 답변을 하는 경우가 있는데, 이 경우 대부분 답변의 깊이가 깊지 않아 면접관에 따라 사려 깊지 못하다는 평가를 하기도 한다. 따라서 면접관의 질문을 받으면 리마인드 해서 질문을 요약/확인하고, 바로 답할 수 있는 질문이라도 4~5초간 고민해 보는 모습을 보일 필요가 있다.

3) 잘 모르는 질문을 받더라도 아는 데까지 솔직히 답변

최근에는 피면접자들이 잘 모르는 질문이 나오더라도 무조건 아는 것처럼 답변하는 경우가 많다. 면접관들 사이에서는 툭 치면 답변이 쏟아져 나오는 자판기 같다는 표현을 하기도 하는데, 피면접자가 자신의 생각을 말하는 것이 아니라, 외운 답변을 말하는 것이라고 판단해 좋은 평가를 받지 못하는 경우가 많다.

이처럼 잘 모르는 질문에 대해 아는 것처럼 길게 답하는 것도 문제지만, 반대로 모르는 질문을 받으면 아무 대답도 못하는 경우도 있는데, 아무런 대답을 못하고 멍하니 있는 것은 면접관의 평가 자체가 불가능하니, 알고 있는 지식 수준의 한도 내에서 본인의 생각을 겸손하게 말할 필요는 있다.

4) 답변의 속도를 천천히, 발음은 또박또박

면접 질문에 답변을 하다 보면 본인도 모르게 다소 흥분하여 말이 빨라지거나 중언부언하기 마련인데, 이런 경우를 대비해 면접 준비 과정부터 침착하게 답변하고, 답변의 속도를 천천히, 발음을 또박또박 하는 연습을 해 두는 것이 좋다.

다시 정리해 보자면, 면접관의 질문에 답하는 과정에서 피면접자들이 주의해야 할 태도들을 필자의 경험에 따라 몇 가지 나열해 보자면 다음과 같다.

1. 질문이 끝나지 않았는데, 질문을 끊고, 답변하는 경우
2. 외운 듯한 답변을 하는 경우
3. 말이 빨라 대답이 꼬이는 답변을 하는 경우
4. 말끝을 흐리는 답변을 하는 경우
5. 목소리가 작거나 발음이 뭉치는 답변을 하는 경우
6. 쉼호흡을 중간중간 크게 하거나 습관적으로 추임새를 넣어 답변을 하는 경우

면접장에서도 친구들, 선배들과 대화하듯 자연스럽게 질문에 답변을 하면 되지만, 아무래도 면접이라는 프로세스가 피면접자에게 긴장감을 주다 보니, 긴장하고, 딱딱해질 수밖에 없다. 보다 지혜로운 피면접자라면 되도록 이런 긴장 상태를 피하고, 본인 스스로 자연스럽고 편안하게 분위기를 이끌어 가도록 노력해 볼 필요가 있다.

면접 유형

면접의 유형은 다양하다. 회사의 필요에 따라, 시대의 요구 사항에 따라, 입사지원자들의 성향에 따라 새로운 면접 유형이 개발되기도 하고, 기존에 효과적이었던 면접 유형이 사라지기도 한다. 예전에 면접 지원자들의 평소 모습을 관찰하고 싶다며 현대차 그룹에서 실시했던 '길거리 캐스팅 면접', 하룻밤을 꼬박 새며 온전한 모습을 Test 하고 싶다며 은행권에서 실시했던 '1박 2일 면접', 영업을 담당하는 경력사원을 채용할 때 실시했던 '골프면접' 등 과거에는 그럴 듯하고, 효과적으로 보였던 면접 유형이 시대가 변함에 따라 점차 사라지는 건 기업이나 경영 환경이 변화하고 있기 때문일 것이다.

그래서 이번 글에서는 비교적 시대의 유행을 타지 않는 일반적인 면접 유형에 대해 정리해 보았다.

먼저, 면접 인원에 따라 개별면접과 집단 면접으로 구분할 수 있다. 개별 면접은 피면접자 1명이 면접장에 입실하는 면접이다. 이 경우 면접관은 1명이 될 수도 있고, 다수가 될 수도 있다. 반면 집단 면접은 다수의 피면접자가 동일한 면접장에 입실하여 면접 전형을 진행하는 면접 형태를 말하는데, 다수의 인원을 공채 방식으로 채용하는 대기업의 경우 일반적으로 집단 면접을 실시한다. 일반적으로 면접관 역시 다수가 입실하게 되는데, 다대다(多對多)로 진행되는 면접이다 보니, 본인의 경쟁력을 호소하는 것뿐 아니라, 경청하는 태도나 타 지원자들의 답변에 대한 반응 등도 평가의 대상이 되기도 한다.

면접 유형에 따라 구분하면 대면면접, 토론 면접, PT 면접, 인바스켓(In Basket), 롤플레이(Role Play), 아웃도어 면접 등으로 구분해 볼 수 있다.

우선, 대면면접은 우리가 흔히 생각하는 면접 방식으로 검증하는 영역에 따라 다시 역량 면접과 인성면접으로 구분하기도 하는데, 이는 중요한 구분 기준이기 때문에 추후 자세히 설명하기로 하겠다. 대면면접은 면접 질문의 유형에 따라 전공 면접, 직무면접, 압박면접, 논리면접, 창의력면접 등으로도 구분하기도 한다.

전공 면접은 피면접자의 전공에 대해 검증하는 것으로 예를 들어 전기공학 전공자에게 '플레밍의 왼손법칙에 대해 설명해 보세요'와 같이 학술적인 질문을 하는 면접 유형을 말한다.

직무면접은 단순한 전공 지식 외 회사에서 직무를 수행하는 데 필요한 지식이나 역량을 물어보는 면접인데, 예를 들어 자동차 설계 직무에 지원한 지원자에게 '카티아 사용법'에 대해 질문하는 경우가 그 예시이다.

압박면접은 피면접자가 MECE(Mutually Exclusive Collectively Exhaustive)하지 못한 대답을 하는 경우 틈새를 노려 집요하게 논리적으로 공격하는 면접법이다. 이는 지원자의 위기대처 능력, 논리력, 순발력, 스트레스 내성 등을 검증하기 위해 실시한다.

논리면접은 피면접자의 논리력을 검증하기 위한 면접법인데, 이 역시 MECE하게 자신만의 논리를 전개할 수 있는지를 검증한다.

창의력 면접은 컨설팅 회사나 창의적 사고를 요하는 직무에서 활용하고 있는 면접법인데, '국회의사당의 기둥이 몇 개인가?', '인도의 자동차 수는 몇 대일까?' 등 논리력과 창의력을 검증하는 면접법이다.

토론 면접과 PT 면접은 중요하기 때문에 각각 별도의 글을 통해 추후 자세히 살펴보기로 하고, 인바스켓, 롤플레이, 아웃도어 면접에 대해 알아보도록 하자.

인바스켓은 최근에는 잘 사용하지 않는 면접 기법인데, 다양한 정보를 제시하고, 각각의 정보를 바탕으로 업무 처리 순서를 정하거나 업무를 처리하는 방법을 직접 검증하는 방법이다. 대체로 경력사원들의 업무 처리 역량을 검증하는 방법으로 활용되고 있다.

롤플레이는 직책자를 채용할 경우 주로 활용하는 면접법으로 SI (Simulation Interview)를 통해 주로 검증하게 된다. SI 기법에 대해서도 추후 자세히 설명하도록 하겠다.

아웃도어 면접은 등산면접, 술자리면접, 골프면접 등 팀워크, 피면접자의 평소 모습, 전략적 사고 등을 검증하기 위한 면접법인데, 한 때 활발하게 활용되던 면접법들이었으나, 최근에는 점차 사라지는 추세다.

이처럼 다양한 면접방법이 있는데, 이 중 몇몇 면접법은 별도의 글을 통해 자세하게 살펴볼 필요가 있다. 역량 면접과 인성면접, PT 면접과 토론 면접 등은 대기업 입사 시, 대면면접만큼 범용적으로 활용되는 면접 유형이므로 각각의 글을 통해 자세히 살펴보겠다.

논리적 사고(Logical Thinking)

지금까지 서류 작성하는 법, 면접 대기장에서 어떤 태도로 있어야
하는지까지 살펴보았다. 이제는 실제 면접장에 착석해 피면접자의 자
리에 앉아 면접관들의 질문을 기다리는 상황까지 왔다. 설레기도 하
고, 긴장되기도 하고, 면접관이 어떤 질문을 할까 온몸의 감각을 곤두
세울 것이다.

면접관이 본인에게 질문을 하면 가장 먼저 무엇을 해야 할까? 면접관
의 질문에 대해 어떻게 답변을 해야 할지 순발력 있게 생각하고, 전략을
짜야 한다. 이 순간에 가장 필요한 것은 논리적 사고(Logical Thinking)
이다.

루야 하나코&오카다 게이코가 저술한 『논리적 사고』라는 책은 꽤 오
래전인 2006년에 나온 책이지만, 문제해결을 위한 논리적 사고에 대해

서술하고 있는 책으로 역량 면접을 준비하는 데 도움이 될 것이라 생각해 소개해 본다. 면접장에 앉아 면접관들의 질문을 받으면 가장 먼저 준비해야 한다고 필자가 말한 논리적 사고란 무엇일까?

논리적 사고는 일정 사안이나 문제에 대해 논리적으로 사고하는 과정을 말하는 것으로 면접장에서의 논리적 사고는 다음과 같은 프로세스를 거치게 된다.

1. 질문 내용 확인
2. 질문의 핵심 파악
3. 결론 또는 해결 방안 모색
4. 결론 도출을 위한 답변 구조화
5. 객관적이고, 사실적인 근거 부연 설명

논리적 사고의 가장 중요한 축은 크게 2가지로 구분해 볼 수 있다. 첫 번째는 MECE적 사고이다. MECE는 Mutually Exclusive Collectively Exhaustive의 줄임말로 어떤 기준으로 구분하여도 완전히 떨어지는 형태의 구분을 말한다.

예를 들어, '남자 vs. 여자' 또는 '내부 vs. 외부'와 같이 예외가 없는 상태로 상대에게 틈이나 약점을 보이지 않는 구조로 사고하게 되면 그 논리는 완벽하다.

두 번째 논리적 사고는 그루핑(Grouping)이다. MECE적 사고를 통해 수집된 생각들을 일정 기준에 따라 구분하는 것이 그루핑이다.

예를 들어 '국외사업'과 '국내사업'으로 MECE하게 구분하거나(우주사업 같은 개념이 없다면), '국외사업'을 다시 아이템에 따라 '모듈판매'와 '부품판매' 사업으로 MECE하게 구분하며, 다시 부품판매 사업을 '대리점 판매', '소매판매', '딜러판매'로 MECE하게 구분하여 그 중 가장 핵심 아이템이 되는 '딜러판매'를 통해 해외 사업 진출을 개발해야 한다는 논리로 생각을 하면 문제의 원인이 되는 모든 요인들을 다 아우르는 최상의 해결책을 도출할 수 있게 된다.

논리적 사고란 것이 책을 보고, 설명을 들으면 무척 쉬워 보이나, 일상 생활에서 적용하기에는 쉽지 않은 사고 방식이기 때문에 평소 MECE하게 생각하는 습관을 들이도록 노력하자. 논리적 사고 이후에는 스토리텔링(Story-telling)을 해야 하기 때문에 다음 글에서는 스토리텔링에 대해 살펴보도록 하자.

스토리텔링(Story-telling)

논리적 사고를 통해 면접관의 질문에 대한 답변이 정리가 되면 스토리텔링을 통해 자신의 생각을 효과적으로 전달해야 한다. 그래서 이번에는 스토리텔링에 대해 간단하게 필자의 생각을 공유해 보고자 한다.

면접장에서 피면접자가 면접관의 질문에 스토리텔링하기 위해서는 몇 가지 유의해야 할 원칙이 있다. 왜냐하면 면접 전형에서의 스토리텔링은 일반적인 스토리텔링과는 다르기 때문이다. 필자가 생각하는 면접장에서의 스토리텔링의 원칙은 크게 4가지로 구분해 보았다.

<u>1. 결론, 해결책 먼저 제시</u>

<u>2. 간결한 논리</u>

<u>3. 연역적 논리</u>

<u>4. 면접관이 이해하기 쉽게 설명</u>

면접장의 스토리텔링에서 위의 4가지 원칙을 지켜야 하는 이유가 있다. 그 이유는 피면접자가 면접관들의 성향 및 상황에 대해 이해해야 하는데, 면접관으로 배석하는 분들은 대부분 회사에서 리더의 역할을 하고 있을 확률이 높다. 그들은 대부분 활발한 성향의 사람들일 가능성이 크고, 업무로 바쁜 사람일 가능성이 크다. 또한 본인의 업무가 밀려 있는 상황에서 면접 전형에 배석해야 하기 때문에 본인이 필요한 정보만을 빠르게 알아내고 싶어 할 가능성이 크다. 일반적으로 이런 상황에 놓여 있는 면접관들은 피면접자가 연역적 구성, 간결한 답변, 해결책을 먼저 제시해 면접을 빠른 시간 안에 끝내 주길 바라는 상황일 것이다.

우선, 면접관이 질문을 하면 피면접자는 본인이 생각하는 해결책을 명쾌하게 제시하고, 그 해결책에 대한 구체적인 실행 방안을 구분해 제시해야 한다. 예를 들어, 회사 입사 후 계획에 대해 질문을 받는다면 회사의 발전 측면과 개인의 역량 향상에 대해 각각 구체적인 목표와 실행 방안을 제시하는 것이 바람직하다. (회사에 취업하려고 하는 피면접자의 면접이기 때문에 MECE하게 회사와 피면접자를 언급함) 특히, 회사의 목표 달성을 위한 미션(Mission)이나 비전(Vision) 달성을 위해 어떤 업무를 해야 하는지를 논리적으로 설명하고, 각 업무를 본인이 다른 지원자보다 잘 수행할 수 있는 근거를 제시하면 된다. 그리고 이 같은 회사의 목표 달성을 위해 개인의 직무역량을 향상시켜야 하는데, 이에 대해서는 본인이 생각하는 목표 지향점을 정하고, 단계

별로 어떻게 실행해 나갈지를 구체적으로 설명하는 것이 현실적이고, 설득력 있게 받아들여질 수 있을 것이다.

스토리텔링은 면접에서 답하려는 내용도 중요하지만, 어떻게 이야기를 풀어나가야 할지 대화하듯 자연스럽게 전개해 나가는 것이 중요하다. 만약 친구와 대화할 때, 단답형으로 외운 말만 전략적으로 한다면 친구들은 그 관계에 흥미를 잃고 떠나듯, 면접장에서도 면접관의 마음을 얻고, 본인의 진가를 보여 주기 위해서는 자연스럽고, 편안하게 대화를 이끌어 나가는 것이 중요하다. 스토리텔링 사례를 들어 설명하기에는 쉬울지 몰라도 낯설고, 긴장되고, 낯선 면접장에서는 표현이 쉽지 않으니, 각자 모의 면접 전형 등을 통해 다양한 사례를 접하는 것이 도움이 될 것 같다.

VI
면접 트렌드

면접 트렌드 변화

최근 취업이 어려워지며 취준생들은 취업 준비를 철저히 하는 반면, 취업을 위한 면접 기술이 아닌 평소의 진정한 모습을 포착해 내기 위한 면접관들의 노력과 면접법도 취준생들의 노력 못지 않게 나날이 변화하고 있다. 이번에는 최근 면접에서 보이는 면접 트렌드를 파악해 보고, 면접관들이 어떤 방식으로 면접을 진행하는지 살펴보자.

1. 면접의 구조화

면접관에 따라 면접 방법과 질문의 임의성이 커지는 것을 방지하기 위해 구조화된 면접, 다시 말해 Structured Interview 경향을 보이고 있다. 면접 시작할 때 인사말, 면접관 소개, 그리고 역량 및 인성을 검증하기 위해 잘 조직되고, 준비된 질문들을 통해 피면접자를 테스트하고, 평가한다.

구조화된 면접법의 장점은 누가 하든 간에 면접 진행 및 평가에 있어 편차가 비교적 적고, 표준화된 프로세스, 표준화된 질문을 통해 일관되게 피면접자를 평가함으로써 인재 평가의 자의성 및 불확실성을 최소화할 수 있다.

반면, 단점으로는 면접관이 속한 조직에서 일할 사람에 대해 면접관의 판단 기준 등을 적용하기 어려워 실제 입사한 직원과 면접관으로 참석한 조직장의 성향이 상이해 조직을 운영하는 데 어려움을 겪을 수 있다.

2. 역량 중심 면접

역량 면접이라 함은 뒤에서 자세히 설명하겠지만, 과거의 경험이나 개인의 사례를 통해 미래에 발휘될 역량을 예측하는 기법이다. 예를 들어,

(1) 목표를 정해 놓고, 꾸준한 노력을 통해 목표를 달성했던 경험이 있습니까?

(2) 있었다면 어떤 사례였습니까?

(3) 그 사례에서 목표 설정은 어떻게 하였습니까?

(4) 목표를 달성하기 위해 어떤 노력을 하셨습니까?

⑸ 결과적으로 목표를 달성하였습니까?

⑹ 목표를 달성했다면 어떤 성취감을 느꼈으며, 추후 더 나은 목표 설정을 어떻게 하였습니까?

⑺ 목표 달성에 실패했다면, 꾸준한 노력을 통해 무엇을 배우셨고, 추후 이 같은 도전을 할 때는 어떻게 임할 생각입니까?

위와 같은 탐침 질문을 통해 과거 목표 달성을 위해 노력해서 배운 경험이 추후 입사해 목표 설정 및 달성을 위해 그대로 발현된다는 것을 전제하여 질문하는 것이다.

3. 인성 중심 면접

직원들의 역량이 입사의 중요한 요건이고, 우수 인재를 평가하는 데도 주요 평가 지표로 활용되고 있지만, 회사의 리더들은 역량 보다 더 중요한 요소로 인성을 꼽는 경우가 많다. 역량이 다소 부족하더라도 긍정적 인성을 갖추고 있는 인재가 있다면 역량을 개발하는 것이 그다지 어렵지 않다고 보기 때문이다. 따라서 인성을 평가하는 정형화된 도구는 없지만, 면접관들은 다양한 방법으로 인성을 검증하고자 노력한다.

4. 블라인드(Blind) 면접

공기업을 중심으로 면접의 블라인드화가 활발하다. 성별, 학교, 전공, 신상 등의 개인적인 평가 요소들을 블라인드화함으로써 학연, 지연 등의 편견을 없애고자 시도된 면접 방법이다. 현재도 공정이라는 가치를 실현하기 위해 긍정적인 방향으로 확산되고 있고, 실(失)보다는 득(得)이 많은 것으로 평가받고 있으나, 열심히 공부해서 과거에 이루었던 학벌이나 과거의 과정을 제대로 평가받지 못한다는 비판도 있다.

5. NCS 면접

NCS 면접 역시 공기업을 중심으로 활발하게 시행되고 있는 면접 방법이다. 국가직무표준에 따라 직무를 구분하고, 각 직무별로 필요한 역량과 지식을 검증하는 방식이다. 따라서 지원하고자 하는 직무를 본인 스스로 결정해 직무 수행에 필요한 역량과 지식이 무엇인지 확인한 후, 이를 학습하여 면접을 통해 평가하는 전형이다.

구조화된 면접

　취준생이고, 면접을 준비하기 위한 강의를 몇 번 들어 봤다고 하면 구조화된 면접, Structured Interview라고 하는 단어를 들어 봤을 것이다. 인사를 담당하는 분들, 특히 면접관으로 훈련받은 분들도 대부분 구조화된 면접이라는 단어는 들어 봤겠지만, 구조화된 면접이라는 것이 무엇인지 잘 설명하지 못하는 분들도 꽤 있기는 하다. 구조화된 면접의 사전적 정의는 '일련의 표준화된 질문들을 모든 지원자들에게 동일한 순서로 적용하는 면접 방식'이다. 하지만 필자는 '구조화된 면접'을 단순히 순서뿐 아니라 질문 내용, 질문 방식, 역할 분담 등 면접을 진행하는 모든 프로세스와 내용이 미리 정해져 있는 면접 형태를 총칭하는 것이라고 생각한다.

　면접을 구조화한다 함은 면접관이 면접에 참석하기 전, 인사팀에서 면접에 대해 전체적으로 안내를 해 주고, 상황을 통제한다는 것을 말한다. 질문 풀(Pool)을 주고, 면접관들 각각 역할을 분담하게 하여 질문과 역할을 미리 확정한다. 예를 들어 1번 면접관이 지원자들을 맞아 첫 인사를 하고, 면접의 취지와 면접관들을 소개한다. 2번 면접관이 면접 지원자들에게 자기 소개를 부탁하고, 면접 지원자들의 자기 소개가 끝나면 3번 면접관이 직무 역량 관련 질문을 한다. 이후 4번 면접관은 직무와 연관된 기초 지식에 대한 질문을 하고, 다시 1번 면접관이 시사 상식이나 지원 동기에 대해 질문하는 등 면접관들의 역할을 철저히 구분하여 면접을 진행한다. 심지어 면접이 종료된 후 피면접자의 면접 참석에 대해 감사 인사를 하는 것까지도 역할 분담을 한다. 이렇듯 면접 과정에서 발생할 수 있는 변동성을 최대한 줄이고, 전문 면접관이 아니더라도 매뉴얼에 따라 누구나 면접을 진행할 수 있으며, 피면접자들의 답변 및 태도에 대해 일관된 기준으로 평가할 수 있도록 만들어 놓은 것이 구조화된 면접이다.

과거 면접 전형에 참석하면 종종 이런 질문들이 오가곤 했었다. "술은 잘 마시나요?", "운동 잘하게 생겼는데, 어떤 운동 좋아해요?", "부모님 직업은 뭐예요?" 등등 요즘에는 있을 수 없는 질문들을 하곤 했었다. 하지만 2019년 4월 16일자로 '채용절차의 공정화에 관한 법률'이 공포됨에 따라 위와 같은 지극히 사적이고, 직무와 관련 없는 질문들은 하지 못하게 되어 있다.

그렇다면 구조화된 질문은 단순 질문과 어떤 차별성을 가질까?

<u>1. 직무 역량</u>

<u>2. 직무 적합성</u>

<u>3. 조직 적합성</u>

<u>4. 인성</u>

등과 관련된 미리 잘 만들어지고, 합의된 질문을 위에서 설명한 구조화된 프로세스에 따라 진행하는 것이 차이점이다.

그렇다면 왜 면접 과정에서는 과거의 단순 질문 방식에서 구조화된 질문 방식으로 변화하려고 하는 걸까? 단순 질문에 비해 구조화된 질문이 인재 채용 적합성에 신뢰도와 타당도가 높다는 연구 결과에 따른 것이다. 군이 연구 결과를 따르지 않는다고 해도 단순 질문을 통해 개인의 성향에 따라 직원을 채용할 경우 성향이 다른 상사를 만나면 갈등이 발생할 우려가 있어 대부분의 기업들은 직무 역량 중심의 구조화된 면접을 채택하는 추세다. 그러면 기업에서도 직무에 적합한 지원자를 채용할 수 있게 되어 채용된 지원자가 해당 직무 수행에 우수한 역량을 발휘할 확률이 훨씬 높다. 또한 면접에서 개인의 취향만 고려해 채용을 진행했을 때, 기업의 입장에서도 해당 리더가 교체될 경우 그 직원에 대한 잔류나 충성도가 급격히 하락할 수 있다는 위험성도 가지고 있어 더더욱 구조화된 면접을 기업들이 채택하는 추세다.

면접 기법

앞서 단순 면접과 구조화된 면접을 비교해 보았는데, 이번에는 구조화된 면접 기법의 종류에 대해 알아보도록 하자. 아래의 그림은 필자가 '면접관 교육' 참석 시 받은 자료 중, 교육 기관에서 표로 잘 정리해 놓은 것이 있어 인용해 보았다. (필자가 정리한 것은 아님)

- **CBI : Competence Based Interview** (과거의 경험과 실제 행동에 초점을 두고 질문)
- **SI : Situation Interview** (가상 상황에서의 행동방향과 의도에 초점을 두고 질문)
- **AC : Assessment Center** (모의 직무상황에서의 역할 수행 행동과제사 관찰하여 확인 질문)

종류	행동	상황	특징
CBI	과거 행동	실제 상황	▪ 구조적 심층 질문 ▪ 복수의 평가자 / 합의 평가
SI	미래 행동	가상 상황	▪ 다양한 가상 상황 ▪ 1명 또는 복수의 평가자
AC	현재 행동	모의 상황	▪ 다양한 모의 상황 부여 ▪ 다수의 평가자 관찰 합의 평가 ▪ 장시간 소요
Internship	현재 행동	실제 상황	▪ 실제 업무 부여 ▪ 다수의 관찰자 ▪ 2~6개월

면접관 교육 자료 인용

구조화된 면접 기법은 CBI(Competency Based Interview), SI(Simulation Interview), AC(Assessment Center), 인턴쉽(Internship) 총 4가지로 구분해 볼 수 있다. 이 책의 독자가 취준생들이기 때문에 각각의 면접 기법에 대해 전체적으로 간단히만 살펴보도록 하겠다.

CBI는 과거의 경험을 통해 미래의 행동이나 역량 발휘 방식을 예측하는 방식이다. 대부분 직무역량 면접이 CBI의 방식으로 이루어 지기 때문에 집중적으로 잘 살펴야 할 것이다. 예를 들어, 면접 질문을 통해 과거에 창의력을 발휘한 경험이 있다는 것을 검증하면 미래 회사 생활에서도 새로운 생각을 제출하거나 창의적인 문제 해결 방법을 제시할 수 있는 역량이 있다고 판단할 수 있다. 과거 어려움을 극복했던 경험, 목표를 정해 이를 달성했던 경험 등 주로 과거의 경험을 통해 미래의 행동 방식이나 역량을 예측하는 질문 방식이 CBI 면접 기법이다.

SI는 가상의 현실을 정해 놓고, 이 같은 현실에서 어떻게 대처하고, 행동하는지를 평가한다. 예를 들어, '당사의 기술 수준이 경쟁사에 비해 5년 정도 뒤처져 있을 경우, 기술력을 극복하기 위해 무엇을 해야 할까?'와 같은 가상 상황에서의 문제 해결력을 질문하는 경우 주로 사용된다. 하지만, 막연한 질문과 틀에 박힌 답변이 나올 우려가 있어 CBI에 비해 사용되는 빈도는 상대적으로 적을 수밖에 없다.

AC는 채용보다는 평가에 주로 사용되는 기법으로 피평가자들의 평가에 필요한 다양한 방법으로 접근하는 방법이다. 채용에 있어서는 주로 직책자나 임원 채용 시, 주로 활용된다. 예를 들어, 팀장급 직책자 채용 시, 리더십(Leadership)을 검증하기 위해 리더십 진단 분야 권위자인 대학 교수님을 채용 면접에 참여시키고, 업무 분장이나 실무 관리역량을 검증하기 위해 임원급 면접관이 업무 지시를 실제로 해 보고, 업무 처리 역량을 평가한다. 뿐만 아니라, 프리젠테이션(Presentation) 전문가가 참석하여 프리젠테이션 역량을 평가하며, 협상전문가가 토론이나 협상 상황에 대해 평가하는 등 다양한 분야의 평가자가 각각의 면접 전형에 참석하여 종합적으로 채용을 결정하는 방식이다. 비용이나 시간이 많이 소요되기 때문에 중요한 직책자나 임원 채용 시 종종 활용된다.

인턴쉽은 누구나 잘 알고 있겠지만, 3개월~6개월, 짧으면 방학 기간인 1개월 정도 실무에 투입되어 직접 일을 같이 해 보고, 채용을 결정하는 방법이다. 채용 연계형으로 3~6개월간 시행하는 인턴쉽이 있는 반면, 경험을 쌓기 위해 방학 기간을 이용해 2주~1개월 간 시행하는 단순 인턴쉽도 있다.

VII
실전 면접 대비하기

역량 면접

CBI 면접 기법은 Competency Based Interview의 약자이다. 풀어 말하면 '역량 기반의 면접'이라고 할 수 있는데, 이 기법에는 몇 가지 기본 전제가 있다.

<u>1. 사람의 행동은 쉽게 변하지 않는다.</u>
<u>2. 과거의 행동은(근래의 행동이어야 함) 미래에 유사한 형태로 발 현된다.</u>

다시 말해, 과거 특정 상황에서 발현됐던 행동이 미래에도 유사한 형태로 발현될 것이라는 전제에서 과거 겪었던 경영 상황과 유사한 상황에서 피면접자가 어떻게 행동하였고, 그에 따른 결과가 어떠했는지를 탐색하는 면접이다. 예를 들어, 해결하기 어려운 문제를 해결했던 경험을 통해 문제 해결을 위한 논리적 사고 역량을 확인하고, 문제해

결 역량을 성과를 통해 종합적으로 확인한다. 과거의 유사한 경험을 토대로 향후 발생이 예상되는 경영 상황에서 어떻게 역량이 발휘될지를 예측하여 평가하는 면접 방식이다.

이는 행동 중심의 면접법으로 PBI(Performance Based Interview), BEI(Behavioral Event Interview)와 동일한 개념으로 사용된다. 과거의 행동을 통해 나타난 결과로 미래의 행동 및 성과를 예상하는 방법이다. 아래 슈미트 앤 헌터(Schmitt&Hunter)의 연구 결과 도표에서 보듯 비(非)구조화된 상황 면접을 통과해 입사한 지원자가 고성과를 나타내는 것보다 구조화된 면접을 통해 입사하게 된 지원자가 고성과를 나타낼 확률이 51% 신뢰도가 높다. 이외 아직 CBI를 통해 입사한 지원자가 고성과를 나타낼 확률에 대한 회귀분석 연구 결과는 아직 없다. 하지만, Schmitt&Hunter의 연구 결과를 보면 CBI 기법을 통해 입사한 지원자가 일반 구조화된 면접을 통해 입사한 지원자에 비해 성과가 더 우수할 확률이 높다고 예상된다.

Schmidt and Hunter (1998)

Personnel measures	Validity (r)	Multiple R	Gain in validity from adding supplement	% increase in validity	Standardized regression weights	
					GMA	Supplement
GMA tests-	.51					
Work sample tests	.54	**.63**	.12	24%	.36	.41
Integrity tests	.41	**.65**	.14	27%	.51	.41
Conscientiousness tests	.31	.60	.09	18%	.51	.31
Employment interviews (structured)	.51	**.63**	.12	24%	.39	.39
Employment interviews (unstructured)	.38	.55	.04	8%	.43	.22
Job knowledge tests	.48	.58	.07	14%	.36	.31
Job tryout procedure	.44	.58	.07	14%	.40	.20
Peer ratings	.49	.58	.07	14%	.35	.31
T & E behavioral consistency method	.45	.58	.07	14%	.39	.31

Schmitt&Hunter 연구 결과

Schmidt and Hunter (1998)

Personnel measures	Validity (r)	Multiple R	Gain in validity from adding supplement	% increase in validity	Standardized regression weights
					GMA
Reference check	.26	.57	.06	12%	.51
Job experience (years)	.18	.54	.03	6%	.51
Biographical data measures	.35	.52	.01	2%	.45
Assessment centers	.37	.53	.02	4%	.43
Training & Experience point method	.11	.52	.01	2%	.39
Years of education	.10	.52	.01	2%	.51
Interests	.10	.52	.01	2%	.51
Graphology	.02	.51	.00	0%	.51
Age	-.01	.51	.00	0%	.51

Schmitt&Hunter 연구 결과

이에 대해 혹자는 피면접자가 면접장에서 면접관들의 질문을 받은 후, 막연히 과거의 경험을 순간적으로 상상으로 지어내 이상적인 답변을 할 수 있지 않겠냐는 비판을 제기하는 경우도 종종 있지만, 이는 다음에 기술한 SI(Simulation Interview)에서나 가능한 것으로, 실제 CBI 면접 기법을 경험해 보면 순간적인 기지를 발휘해 이야기를 지어낸다는 것은 쉽지 않다.

다만, CBI 면접에서 주의해야 할 점은 어떤 행동 유형이 성과 달성과 연관된 이상적 행동인지에 대해 회사별로, 업종별로 동일한 기준을 도출하고, 평가한다. 따라서 피면접자가 역량 면접 질문에 대해 답변을 할 경우 반드시 업종 및 직무를 고려해 답변을 하는 것이 이상적이다.

시뮬레이션 면접

　시뮬레이션 면접은 특정 상황을 설정하여 피면접자가 어떻게 행동
하겠는지를 질문하는 면접법이다. 예를 들어, '회사 설비의 중요 결함
으로 인해 공장이 멈추게 될 상황인데, 집에 있는 아이가 아파 급하게
집에 가야 한다면 어떻게 대처하겠습니까?'와 같이 특정 상황을 설정
해 놓고, 피면접자의 선택을 질문하는 경우가 있고, '반도체 관리자인
피면접자께서 반도체 공정을 관리하려고 합니다. 어떤 프로세스로 관
리를 하겠습니까?'와 같이 피면접자의 행동 프로세스를 질문하는 경우
도 있다. (물론, 전자(前者)의 경우 잔인한 질문일 수 있지만, 회사 생
활을 하며 실제 벌어질 수도 있는 극단적인 경우이기 때문에 질문할
수도 있음)

　아마 실제 면접에서는 후자(後者)와 같은 상황 질문이 다수일 텐데,
피면접자가 가상의 상황에서 문제 해결을 위해 어떻게 처신할 것인지

의도, 계획 수립, 행동 등에 대해 질문한다. 이는 평소 깊게 생각하거나 실제 경험하지 못했다면 제대로 답변할 수 없는 질문들이 대부분이다.

면접관은 피면접자로부터 검증하고자 하는 역량에 따라 질문 유형을 달리 하기 때문에 피면접자 입장에서는 면접관의 질문 유형을 잘 파악하고, 각 질문 유형에 맞게 답변을 준비하여 답해야 한다.

면접 볼 때 옆 사람이 무슨 말 하는지 엿듣기

　앞서 피면접자의 면접 태도에 대해 이야기하며 다른 지원자가 면접 질문에 대한 답변 시 피면접자 시선과 표정에 대해 간략하게 언급했었다. 하지만 면접장에서 다른 지원자가 발언할 때, 피면접자의 경청하는 자세 또한 면접관들이 눈여겨보고, 이를 평가에 반영하기 때문에 이번 글에서는 좀 더 자세히 다루어 보기로 하겠다.

　면접관들은 왜 다른 지원자가 발언할 때 나의 경청 자세를 평가할까? 이는 회사에서 업무 지시를 받고, 상사, 동료와 의사소통하는 자세와 연관되어 있기 때문이다. 면접관이 피면접자에게 묻는 질문에 대해 답변을 잘 했다 하더라도 다른 지원자가 발언할 때 본체만체하거나 딴 짓을 한다면, 추후 회사에 입사해 상사가 업무 지시를 할 때도 그 피면접자는 상사의 말에 귀 기울이지 않을 것이라 예상되기 때문이다. 상사와의 업무 지시, 피드백 이외에 동료들과 대화할 때도 자기가 하고 싶은 말에만 주의를 기울이고, 다른 동료들의 생각과 발언은 귀 기울이지 않을 것 같다고 예상해 볼 수 있어 아무리 면접 답변을 잘해도, 채용으로 이어질 수 있을지는 더 지켜봐야 한다. 마치 역량 면접이 과거의 행동과 성과를 통해 미래의 행동을 예측하듯 면접장에서 타인에 대한 집중과 배려의 자세를 통해 피면접자의 미래 회사 생활을 예상해 볼 수 있기 때문이다.

그렇다면 면접장에서 다른 지원자가 대답할 때 피면접자는 어떤 태도를 취하는 것이 바람직한가?

1. 자연스럽게 면접관과 발언하는 지원자를 번갈아 보며, 타 지원자의 발언에 귀 기울임.
→ 종종 면접관이 방금 다른 지원자가 무슨 말을 했는지 요약해 보라고 갑작스럽게 질문을 하는 경우도 있음.

2. 타 지원자의 대답이 만족스러웠다면 살짝 미소를 지음.
→ 경쟁자에 대해서도 응원해 주고, 경쟁자가 잘하면 칭찬해 주는 긍정적 마인드를 표현함.

3. 때때로 발언하는 지원자를 응시하여 경청하고 있다는 것을 보여 줌.

4. 발표자의 의견을 듣고 가만히 있기보다는 자기 나름의 의견을 정

리하여 본인의 발언 기회로 이용함.

이런 태도가 면접관들이 바람직하다고 생각하는 경청하는 지원자의 태도이다. 그렇다면 필자가 경험했던 바람직하지 않았던 피면접자의 태도는 어떤 것들이 있을까?

1. 타 지원자의 발언에 귀 기울이지 않고 딴청을 피움.
2. 타 지원자가 말 실수를 했을 때 비웃음.
3. 면접관 및 타 지원자들 모두 웃는데, 혼자 굳은 표정을 하고 있음.
4. 허공을 멍하니 보고 있거나, 땅을 쳐다보고 있음.

이런 대표적인 4가지 태도의 경우, 면접관들은 피면접자의 경청 태도가 좋지 않다고 판단하여 면접에서 좋은 점수를 부여하지 않는다.

회사 생활을 실제로 해 보면 저연차 시절 업무의 8할이 경청이다. 요즘 세대들이 자기 주장이 강하고, 개성도 강하다고 하지만, 학교에서 배운 지식들은 회사 생활하는데 기초가 될 뿐, 직접 실무에서 써먹을 만한 지식들은 많지 않다. 따라서 신입사원들은 선배들이 일하는 방식과 이루어 놓은 업적들을 통해 회사 업무를 배워야 하는데, 대부분 관찰, 경청, 모사 등의 방법을 통해 배운다. 따라서 면접장에서 피면접자의 경청 태도는 상당히 중요한 평가 요소가 되고, 이에 대한 평가에 면접관은 반드시 높게 배점할 수밖에 없다.

하지만 대부분 신입사원 입사 지원자들은 학교에서 문제에 대한 정답을 구하고, 이를 발표해 자기 점수로 만드는 프로세스에만 익숙해져 있어 다른 사람의 이야기에 귀 기울이는 행동은 다소 약하다. 그래서 필자의 경우도 면접을 볼 때면 입사지원자의 답변 태도뿐 아니라, 경청 태도도 유심히 관찰한다. 면접관의 질문에 대해 정답을 고민하고, 잘 대답했다고 만족할 것이 아니라, 다른 지원자들의 답변과 태도를 유심히 관찰하는 것도 정답을 잘 표현하는 것만큼 중요하다.

전공 면접 준비하기

　전공 면접이라 하면 말 그대로 전공에 대해 면접 전형에서 질문하고, 답변하여 평가를 받는 프로세스다. 이는 피면접자가 지원한 직무에 필요한 전공에 따라 질문이 달라질 수 있다. 예를 들어 기계 공학을 전공한 피면접자, 경영학을 전공한 피면접자, 조경학을 전공한 피면접자, 간호학을 전공한 피면접자 등등 전공과 연관된 직무 역량을 확인하기 위해 기초 전공 지식을 검증한다.

　대부분 대학생 신분인 취준생들이 가장 궁금해하는 면접 내용 중 하나가 전공 관련 질문인데, 이는 인성면접이나 역량 면접에 비해 정답이 있는 질문이라 스스로 학습하여 정답을 알아 면접을 준비하고자 하는 생각이 있기 때문이리라. 면접관들이 전공 면접을 하는 이유는 입사 후, 직무를 수행하기 위해 학습할 준비가 되어 있는지, 업무를 배우기 위한 기초 학습이 되어 있는지를 확인하기 위한 과정이다. 필자의 경험에 따르면 자동차 설계를 하기 위해 필요한 기계 공학적 지식, 카티아(Catia) 활용 역량, 전기전자 공학적 지식, 발전 원리를 학습하기 위한 발전기 원리, 열역학적 지식, 제어 계측의 원리 등을 면접을 통해 확인한 적이 있었다.

학교에서 배운 전공 지식을 바탕으로 회사에서 수행할 직무와 연관 지어 본인의 지식 수준을 잘 표현해야 한다. 그런 전공 지식과 감각이 없다면 굳이 직무에 따른 전공을 채용 요건으로 할 필요가 없기 때문에 전공지식에 대한 질문은 면접 당락의 중요한 질문이 된다.

전공 지식을 테스트하기 위한 질문의 예시를 몇 개 들어 보자면,

1. 열역학 1, 2, 3법칙에 대해 설명해 보세요.
2. 마이클포터(Michael Porter) 교수의 경쟁이론에 따라 기업이 고려해야 할 경쟁, 위협요인에 대해 설명해 보세요.
3. 보완재와 대체재에 대해 비교해 보세요.
4. 직무분석서와 직무명세서에 대해 설명해 주세요.
5. 플레밍의 왼손법칙에 대해 설명해 보세요.

이처럼 대학교 정규 과정을 마친 입사지원자라면 누구나 답할 수 있는 기초적인 내용의 질문을 하게 되는데, 면접관의 입장에서는 당연히 정답 맞히기를 기대하며 하는 질문들이다. 하지만 필자의 경험으로는 갑작스런 질문에, 긴장한 상태의 피면접자들이 비교적 간단하고, 쉬운

질문에 제대로 답을 하지 못하는 경우가 종종 있었다. 인성, 역량 면접에 대해서는 예상되는 질문들이 있지만, 전공 면접 질문은 그 범위가 너무나도 넓기 때문에 정확하게 준비하기가 어렵기 때문이다. 하지만 긴장하지 않고, 그간 전공 공부를 착실히 해 온 피면접자라면 어렵지 않게 전공 질문에 대한 답변도 충분히 할 수 있다고 생각한다.

PT 면접 준비하기 Vol. 1

이전 글에서 언급했듯 면접의 종류는 다양하다. 그 중에서 많은 기업들이 시행하고 있는 면접 방식인 PT 면접과 토론 면접에 대해서는 별도로 알아보고자 하는데, 이번에는 PT 면접에 대해 알아보자. PT 면접은 프리젠테이션(Presentation) 면접의 줄인 말로 Presentation이라는 소프트웨어 자체는 학창시절 수업시간, 조별발표 시간에 많이 이용해 보았던 지라 그다지 낯설지는 않을 것이다. 하지만 학생들이 프리젠테이션 문서를 작성하는 방법, 발표하는 기술 등을 별도로 배울 기회가 없기 때문에 PT 면접을 준비하면서 어떻게 PT를 해야 할지 고민하는 학생들이 많아 PT 면접에 대해 자세히 살펴보기로 했다.

학교에서 수업시간에 하는 프리젠테이션과 회사 입사를 위해 하는 PT 면접은 어떤 차이가 있을까? 우선, 이 차이를 알기 위해서는 회사에서 왜 PT 면접을 시행하는지 이유를 알아야 한다. 그래야 PT 면접을

준비하는 과정에서 접근이 손쉬워질 것 같다. 회사에서 PT 면접을 시
행하는 이유는 크게 4가지 정도로 볼 수 있는데,

첫째, 논리력을 검증하기 위해, 둘째, 많은 사람들 앞에서 발표하는
태도를 검증하기 위해, 셋째, 지식을 검증하기 위해, 마지막 넷째로는
위기대처 능력을 검증하기 위해 PT 면접을 시행한다.

우선, PT 면접을 통해 문제 해결 방식이나 논리력 등을 검증하고자
하는데, 각각의 문제에 대해 어떤 방법으로 문제를 해결하고, 어떤 논
리로 설명을 하는지 검증한다. 예를 들어, 문제제기, 문제 분석, 해결
방안 제시, 향후 계획 또는 운영방안을 어떻게 논리적으로 잘 풀어 나
가는지 확인한다.

다음으로는 많은 사람들 앞에서 발표하는 태도를 살펴보게 되는데,
이는 회사에서 PT 할 기회가 많기 때문에 실제 PT를 할 때 어떤 태도
로 하고, 아이컨택(Eye Contact)을 잘 유지하는지, 발음과 표정은 적절
한지, 발표하다 도중에 흥분하지는 않는지 등의 태도도 평가하게 된
다. 회사에서는 불특정 다수 앞에서 발표해야 할 기회가 수시로 있는
데, 개별 면접에서 우수한 성적을 거두어 지원자를 채용한 후 사람들
앞에서 발표를 시켰을 때 긴장하여 제대로 말을 못하는 경우가 종종
있어 면접 전형에서 실제 프리젠테이션 기술을 검증한다.

세 번째로 전공 지식이나 직무와 관련된 경험에 대해 검증하는 경우가 있는데, 대면 면접에서 해도 되는 테스트를 굳이 PT 면접을 통해 시험하는 경우이다. 이는 대면 면접과 PT 면접 기술을 동일한 질문을 통해 동시에 검증함으로써 각각 다른 상황에서 피면접자가 어떻게 대응하는지를 알 수 있는 효율적인 방법이기도 하다.

마지막으로 면접관들이 피면접자에게 여러 사람들 앞에서 돌발 질문을 함으로써 위기대처 능력을 살피기도 한다. 위기대처 능력을 대면 면접에서 검증하는 것보다 PT 면접에서 검증하는 것이 지원자의 위기대처 능력을 보다 극적인 상황에서 검증할 수 있고, 지원자의 담력도 알아볼 수 있는 기회이기 때문에 PT 면접을 통해 이런 능력을 검증하기도 한다.

지금까지 회사에서 면접 시, PT 면접을 하는 이유와 PT 면접을 통해 테스트 하고자 하는 역량에 대해 살펴보았다. 다음에는 PT 면접의 유형에 대해 알아보도록 하자.

PT 면접 준비하기 Vol. 2

PT 면접 준비하기 Vol. 1에서는 기업이 PT 면접 전형을 통해 검증하고자 하는 피면접자의 역량에 대해 알아보았다. PT 면접 준비하기 Vol. 2에서는 PT 면접에서 등장하는 질문의 유형에 대해 알아보도록 하자.

PT 면접의 질문 유형은 크게 세 가지로 구분해 볼 수 있다. 첫째, 피면접자들의 논리력을 검증하기 위해 피면접자가 상대를 설득하도록 유도하는 질문 유형이고, 둘째는 피면접자의 정보 전달 역량을 검증하기 위해 전공 지식이나 상식 등을 설명하도록 하는 유형의 질문이 있다. 마지막으로 자유롭고, 편안하게 피면접자의 PT 실력만을 검증하기 위해 재미있는 스토리텔링(Story-telling)을 요구하는 유형의 PT 면접도 있다.

가장 많은 PT 면접 유형은 피면접자들의 논리력과 구조적 사고를 검증하기 위해 설득력을 검증하는 질문 유형이다. 예를 들어, '우리나라 자동차 산업이 위기를 맞고 있는데, 그 원인은 무엇이고, 해결책은 무엇입니까?', '환경을 생각하는 미래 에너지원은 무엇이 있다고 생각하십니까?' 등의 질문이 있다.

이 같은 유형의 질문은 '문제제기-원인분석-해결방안 제시-구체적 실행방안 제시'로 PT를 진행해야 한다. 특히, 원인을 분석하는 데 있어 구체적인 숫자가 들어가는 객관적인 자료를 제시하는 것이 설득력을 높일 수 있고, 해결 방안 제시 및 구체적 실행방안 제시에서는 추상적이거나 비현실적인 해결책을 제시하는 것보다 구체적이고, 당장 실행 가능한 대안을 제시하는 것이 좋다. 예를 들어, 우리나라 자동차 산업에 대한 질문에 대해서는 수소자동차 상용화 방안 및 전 세계 자동차 시장의 판도를 변화시킬만한 획기적인 대안을 제시하는 것이 설득력이 있을 것이다.

미래 에너지원에 대한 의견을 묻는 PT 면접에서는 풍력, 태양광, 조력 등의 에너지원 중 가까운 미래에 수익 창출이 가능할 만한 에너지원을 선택하여 기술개발 방법 등을 제시하면 면접관들의 마음을 사로잡을 수 있지 않을까 생각한다. (물론, 그 획기적인 방법이 간단하지는 않겠지만)

두 번째 질문의 유형은 설명하거나 지식을 전달하는 유형의 질문이다. 예를 들어 '열역학 제1, 2, 3법칙에 대해 각각 설명하시오' 또는 '반도체 공정에 대해 설명하시오'라는 질문 유형이 바로 그것이다.

이런 유형의 질문은 정확한 지식과 정보 전달이 목적이므로 용어 선택을 신중하게 해야 하는데, 되도록이면 학술적이고, 전문적인 용어를 사용하는 것이 좋다. 예를 들어 열역학 제1법칙에 대한 설명을 할 때는 '에너지보존의 법칙을 특별히 열현상에 적용한 것으로 계의 내부 에너지는 계가 흡수한 열에서 계가 수행한 일을 제외한 값을 말하는 것이다'[2]라고 발표하는 것이 효과적이다.

반도체 공정을 묻는 질문에 대해서는 반도체 8공정을 하나하나 차분히 설명할 수 있어야 한다. 이는 전공 지식이나 상식 등을 검증함과 동시에 많은 사람들 앞에서 피면접자의 PT 기술을 검증할 수 있는 효과적인 질문 유형이다.

마지막으로 흥미 있었던 경험을 묻는 질문 유형이 있다. 예를 들어, '해외여행 경험 중 가장 흥미로웠던 경험을 말하시오' 또는 '봉사활동 경험에 대해 발표하시오' 등의 면접이 그것이다.

이 경우는 스토리텔링 기법을 활용해야 한다. 듣는 사람의 흥미를 끌어야 하고, 재미있게 주의를 집중시키기 위해 시간 순서를 바꾸기도

---

2 '두산백과' 인용

하고, 극적 사건을 중심으로 경험을 재구성하기도 하는 등 최대한 맛
깔(?)나게 프리젠테이션을 구성해야 한다. 마치 친구들이나 부모님들
과 대화하듯 흥미 위주로 재미있게 발표하는 것이 효과적이다.

PT 면접에서 제시될 수 있는 질문 유형을 크게 세 가지로 구분해 보
았다. 이 정도로 질문의 유형을 크게 구분해 PT 면접을 대비한다면 어
떤 문제가 제시되더라도 크게 당황하지 않고, 좋은 결과를 얻을 수 있
으리라 생각된다.

PT 면접 준비하기 Vol. 3

앞서 PT 면접 준비하기를 통해 회사에서 피면접자들에게 검증하고
자 하는 역량은 어떤 것들이 있는지, 그리고 PT 면접의 질문 유형은 어
떤 것들이 있는지 알아보았다. 이번에는 PT 면접에서 발표 내용을 어
떻게 구성해야 하는지에 대해 알아보도록 하자.

PT 면접이 대면면접과 다른 점 중 가장 핵심적인 것은 면접의 주도
권이 피면접자에게 있다는 점이다. 대면면접에서는 주로 면접관이 궁
금한 점들을 피면접자에게 질문하고, 피면접자는 그 질문 대해 수동적
으로 대답하는 역할이다. 하지만 PT 면접은 주제 또는 질문이 주어지
면 내용 구성과 발표는 오롯이 피면접자 주도로 진행이 된다. 어떤 내
용을 발표할지, 어떤 구성으로 진행할지, 어느 부분에서 강조하고, 어
느 시점에 한 박자 쉬어 갈지 등등 전부 피면접자가 주도적으로 결정
해야 한다. 면접관들은 그저 PT 발표를 듣는 수동적인 위치이거나, 기

껏해야 발표가 끝난 후 부가적인 질문을 하는 정도의 권한밖에 없다.

어떤 내용을 발표할지는 발표 주제나 질문에 따라 피면접자가 자신의 생각에 맞게 정하면 되는데, 문제는 내용 구성을 어떻게 해야 하는지다. 같은 내용이라도 발표 내용의 구성 및 순서에 따라 많이 달라진다. 따라서 내용 구성은 논리적이고, 일관되게 할 필요가 있다.

1) 전체 → 부분

속담 중 나무를 보지 말고 숲을 보라는 말이 있다. 무언가를 설명하기 위해 지엽적인 것들을 먼저 장황하게 설명하는 것 보다 전체적인 그림을 설명한 후, 작은 단위의 것들을 설명하는 것이 듣는 사람이 내용을 쉽게 파악하도록 도와준다.

2) 시간 순서

프로세스나 시간의 흐름에 따라 현상을 설명하기 위해서는 시간의 순서에 따라 설명하는 것이 효과적이고, 이해하기 쉽다.

3) 공간 흐름

장소나 공간을 설명하기 위해서는 공간의 흐름에 따라 설명하는 것이 바람직하다. 예를 들어, '동 → 서', '북 → 남', '왼쪽 → 오른쪽' 등 일관되게 공간의 흐름을 설명하는 것이 듣는 사람으로서도 이해하기 쉽다.

4) 연역적 구성

면접 기법에 대해 설명하는 내내 일관되게 강조하는 연역적 구성에 대해서는 더 깊게 설명할 필요도 없을 것 같다. 핵심이 되는 결론부터 먼저 말하고, 부가적인 설명이나 근거는 나중에 말하는 것이 효과적이고, 면접관들의 집중력을 제고시킬 수 있다. 추가로 연역적 구성이 효과적인 한 가지 근거를 더 들자면 직장에서 성공한 사람들 대부분 성격이 급한 경향이 있어 정답을 빨리 듣고 싶어 할 확률이 높다.

5) MECE

MECE하게 논리를 구성해야 한다는 말도 줄곧 강조해 왔기 때문에 부연 설명을 할 필요는 없을 것 같다. Mutually Exclusive, Collectively Exhaustive하게 설명해야 논리적으로 단단하고, 완벽하다.

대면 면접, 토론 면접 등에서도 내용 구성이 물론 중요하긴 하지만, PT 면접은 면접의 주도권이 전적으로 피면접자인 발표자에게 있다는 점을 상기하면 특별히 내용 구성이 중요하다. 일관되고, 논리적으로 내용을 구성하여 PT 면접에서 면접관의 눈과 귀를 사로잡아야 한다. 왜냐하면 PT 면접 자체로 특별한 정답을 요구하거나 창의적인 해법을 기대하기 보다 문안하고, 인상 깊은 PT 기술을 기대하는 것이기 때문에 내용 구성과 발표력만으로 높은 점수를 얻을 수 있기 때문이다.

PT 면접 준비하기 Vol. 4

PT 면접 준비하기 네번째 시간으로 이번에는 필자가 PT 면접 면접관으로서 면접장에서 경험했던 내용들을 중심으로 조언을 주고자 한다. PT 면접을 하는 피면접자를 보며 느꼈던 점 중, 인상 깊었던 몇 가지를 모아 당부 사항을 적어 본다.

우선, PT 면접에서 발표할 때 중요하다고 강조할 만한 포인트가 총 9가지 정도 있다.

1) 엽서 크기의 메모 활용

몇몇 지원자의 경우, PT 발표 시 지나치게 긴장하다 보니, 생각했던 내용을 망각하는 경우가 종종 있다. 따라서 준비했던 내용을 잊지 않고, 발표하기 위해서는 작은 메모지에 핵심 단어 중심으로 메모를 해 중간중간 긴장해서 발표 내용이 생각이 나지 않을 때, 살짝 보면서 발표를 하는 것이 좋다.

한편, 또다른 지원자의 경우 발표 내용을 잊어버릴까 염려해 메모지에 발표 내용을 메모해 가지고 오는 건 좋은데, A4 용지 크기의 종이처럼 큰 종이에 메모를 해 오는 경우가 있다. 그런데 PT 발표를 하다 보면 처음에는 손에 잘 쥐고 있던 종이를 긴장하여 펄럭펄럭 흔드는 경우가 발생한다. 이 경우 면접관이 보기에 산만해 보이고, 신경이 온통 펄럭펄럭 흔들리는 A4 용지에 쏠리기 때문에 PT 발표자에게 좋은 점수를 주기가 곤란한 경우도 있다.

2) 공감할 수 있는 가벼운 농담으로 시작

PT 면접관들도 다른 대면 면접관들과 동일하게 피곤하고, 지친 상태인 경우가 대부분이다. 아니, 오히려 대면 면접관들보다 더 지루하고, 견디기 힘들 수도 있다. 왜냐하면 대면면접관의 경우 비슷하긴 하지만, 어쨌건 다른 사람들이 계속 면접을 하러 들어오기 때문에 자소서의 내용도 다르고, 질문도 개인에 따라 차이가 있을 수밖에 없다. 하지만 PT 면접관의 경우 몇 개 안되는 주제를 가지고 많은 피면접자가 발표를 하기 때문에 피로도가 훨씬 더 심하다. 그래서 주위를 환기시킬 겸, 다른 발표자들과 차별성을 보여 줄 겸 가벼운 농담으로 여유롭게 발표를 시작하는 것이 면접관 입장에서도 한결 좋은 첫인상을 가져갈 수 있다.

3) 누구나 알기 쉬운 용어 사용

앞에서도 설명했지만, PT 면접은 피면접자의 발표력을 검증하려는 것이 주된 목적이기 때문에 어려운 내용의 주제나 질문이 나오는 경우는 드물다. 본인이 깊이 있는 지식을 보유하고 있어 자랑하고 싶더라도 PT 면접의 목적상 쉬운 용어를 이용해 상대방이 잘 이해할 수 있도록 하고, PT 기술의 주된 목적인 내용 전달에 중점을 두는 것이 효과적이다.

4) 말의 속도는 천천히, 또박또박

다시 한번 강조하지만, PT 면접의 목적은 PT Skill을 검증하기 위한 것이기 때문에 많은 사람들 앞에서 긴장하거나 떨지 않고, 핵심 단어 중심으로 본인의 의견을 효과적으로 잘 전달해야 한다. 때문에 많은 말을 하기보다는 되도록 적은 단어들만 사용하여 말을 천천히, 발음을 또박또박 내용을 전달하는 것이 좋다.

5) 면접관과 아이컨택(Eye-contact)을 하며, 대화하듯

PT 내용을 전달하고자 하는 고객이 면접관이기 때문에 면접관과 아이컨택을 하며, 대화하듯 발표를 해야 PT 내용도 효과적으로 전달이 될 것이고, 평가 점수도 잘 받을 것이다.

6) 적절한 몸짓(Gesture) 사용

PT 발표 경험이 적은 대졸 신입사원 입사지원자들이 자주 질문하는 것이 발표할 때, 손은 어떻게 해야 하는지, 발표 중에 움직여도 되는 지이다. 다시 말해, 몸의 움직임, 제스처(Gesture)에 대한 질문인 것이다.

제법 큰 공간에서 암전시켜 놓고, PT 자료만 밝게 비추어 발표하는 경우는 제스처가 들어가지 않는 것이 정석이다. 왜냐하면 발표하는 내용에 집중을 시키고자 PT 자료의 중요성을 극대화하였기 때문이다.

반면, 면접에서 검증하는 PT 발표는 피면접자를 드러내기 위한 PT인 경우가 대부분이기 때문에 뻣뻣하게 서서 경직된 표정으로 발표를 하면 듣는 사람조차 불편하고, 경직될 수밖에 없다. 특히, PT 면접의 중점 평가 사항은 피면접자의 발표력이기 때문에 적절하고, 자연스러운 제스처는 오히려 플러스(Plus) 요인이 된다.

7) 질문받을 경우, 질문을 끝까지 듣고, 요약 및 확인

PT 면접이 끝나면 발표 내용에 대해 면접관들이 질문을 하는 경우가 있다. 모르거나 궁금한 것이 있어 질문하는 경우도 있지만, 돌발 상황에 대한 대처 능력과 순발력을 검증하기 위한 목적도 있다. 따라서 PT 면접 후, 질문받는 것 자체로도 면접 프로세스인데, 면접관의 질문 도중 말을 끊고, 답을 하거나 질문에 엉뚱한 답을 하게 되면 감점 요인이 된다. 면접관의 질문 도중 말을 끊게 되면 예의가 없다고 생각하거나 신중하지 못하고, 성급하다고 평가받는 경우가 있다. 따라서 면접관이 질문할 때는 잘 듣고, 질문의 내용이 맞는지 다시 한번 확인해 질문에 맞는 명확한 답을 해야 한다.

8) 간결하게 두괄식으로 답변

질문의 내용을 요약하여 질문 내용이 맞다고 확인되면 질문에 맞는 정확한 답변을 해야 하는데, 지금까지 계속해서 강조해 온 것처럼 두괄식, 간결한 답변이 핵심이 된다. 이는 지속적으로 중요하다고 강조해 왔기 때문에 여기서는 더 길게 말하지 않고, 생략하겠다.

9) 흥분하지 말고, 유연하게 대처

PT 발표를 하다 보면 스스로 흥분하는 경우도 있지만, PT 발표 이후 면접관이 돌발성 질문을 하게 되면 당황해서 횡설수설하는 경우도 종종 있다. 아니, 돌발 질문에 대해 답변을 해야 하는 경우 PT 발표자 대부분이 당황하는 것 같다.

물론, 상황에 따라, 질문에 따라 흥분하거나 당황하는 정도가 다르겠지만, 답변하기 곤란한 질문을 받더라도 침착하게 흥분하지 말고 대처하고, 답변할 준비를 해야 한다.

이상으로 필자가 PT 면접 면접관으로 배석하며 느꼈던 PT 면접 시 피면접자가 특별히 주의해야 할 점들을 적어 보았다. 위의 9가지 주의점은 대부분 피면접자들이 고민하는 공통된 것들이기 때문에 이 글을 읽는 독자분들께서도 궁금했던 점일 거라 생각한다. 위의 주의점들만 잘 지켜도 PT 면접에서는 합격할 수 있는 무난한 점수를 받을 수 있을 것이라 확신한다.

PT 면접 준비하기 Vol. 5

　지금까지 PT 면접 준비와 관련해 PT 면접을 하는 목적부터 PT 면접 질문의 유형, 내용의 구성 및 PT 면접 시 발표 포인트 등을 살펴보았다. PT 면접 준비하기의 마지막 조언으로 필자가 그간 PT 면접을 진행하면서 다소 아쉬웠던 점들, 누구나 아는 실수지만, 누구나 하고 있는 안타까운 행동들에 대해 살펴보도록 하겠다.

1) 중언부언(重言復言)

　누구나 낯선 면접관들 앞에 서면 당황스럽고, 긴장하기 마련이다. 그래서 대부분의 지원자들은 면접장에 들어서면 머리속이 멍해져 논리적으로 PT를 잘 이끌어 나가지 못하고, 대답을 하다 중간중간 멈추기도 하며, 그럴 때마다 했던 말을 다시 반복하게 된다. 뿐만 아니라 침묵이 길어지면 분위기가 어색해지고, 대화의 흐름이 끊겨 감점이 될 것 같은 불안감이 엄습해 온다. 그래서 했던 말을 계속해서 반복하게 되는데, 이런 모습은 면접관들에게 지루함을 안겨 주고, 좋지 않은 평가를 받게 된다.

2) 불안정한 시선 처리

이 역시 불안한 심리에서 나타나는 현상으로 면접관과 아이컨택을 하며 PT를 하기 부담스러워 시선이 갈피를 잡지 못하는 경우다. 긴장해 눈을 마주치지 못하는 경우도 있지만, PT를 하면서 시선이 우왕좌왕 하는 경우도 종종 있는데, 이 경우 면접관은 피면접자에게 집중을 하지 못한다. 그리고 이런 상황을 피면접자가 자신감이 결여되어 있다고 생각하거나 공감능력이 저하되어 있다고 평가할 우려가 있다.

3) 안절부절 못하는 태도

낯선 환경에서 어려운 상대와 대화를 하는 것은 누구에게나 쉽지 않다. 특히, 그 자리가 취업을 하기 위한 면접 자리라면 말할 것도 없다. 그런데 그 자리가 앉아서 편안하게 대화를 하는 자리도 아니고, 서서 프리젠테이션 하는 자리라면 누구에게나 쉬운 자리는 아닐 것이다. 이 경우 PT를 하다 몸이 배배 꼬이기도 하고, 짝다리를 짚을 수도 있으며, 다리를 떨거나 고개를 까닥거리는 등 평소의 습관이 나오기 마련이다. 이는 심리적으로 불안하다는 표시일 텐데, 면접관의 입장에서 그 모습을 보고 있으면 좋은 인상을 받지 못한다. 면접관 역시 그 상황이 편치 않을 것이고, 그런 태도에 대해 좋은 점수를 부여하기 어려울 것이다.

4) PT 진행 속도가 과도하게 빠르거나 느리거나

PT 면접을 하는 자리라면 위에서 언급한 유형의 행동을 보이는 것 외에도 말이 빨라지는 경우가 많다. PT를 진행하다 본인 스스로 흥분하는 것이다. 반면, 어떤 경우는 본인이 말을 하다 까먹고 멍해지는 경우도 있는데, 이런 경우는 말의 속도가 지나치게 느려진다. 이런 모습을 보면 면접관은 피면접자가 이성적이기보다 감정적이라고 판단해 버리는 경우가 있다. 따라서 말을 침착하게, 또박또박 천천히 하는 것이 가장 좋다.

5) 팔짱을 낀 자세

심리학에서 팔짱을 낀 자세는 대화 상대방에 대해 방어적인 태도를 취할 때 보이는 행동이라고 한다. 면접을 진행하다 보면 처음에는 바른 자세로 PT를 진행하다 중간에 팔짱을 끼는 피면접자들을 종종 볼 수 있다. 이는 아마 면접관들의 시선이나 질문에 대해 방어적인 태도가 은연중에 나타난 것이 아닐까 한다.

하지만 이 역시 면접관의 입장에서 보면 같이 대화를 하려는 태도가 아니라, 선을 긋는 모습으로 느껴져 좋은 평가를 주기 어렵다.

6) 볼펜을 딱딱거리거나 빙빙 돌리는 행동

PT 내용을 메모해 발표했던 경우에 나타났던 행동인데, 피면접자가 A4 용지에 내용을 작게 메모해 면접에 참석한 것까지는 좋았는데, 볼펜을 PT 면접장에 가지고 와 분위기가 한창 무르익을 무렵 긴장감이 엄습했는지 볼펜을 계속 딱딱거리거나 빙빙 돌렸던 지원자가 있었다. 결국 볼펜이 신경에 거슬려 피면접자의 PT 면접 내용에 집중하지 못했고, 내용은 거의 기억나지 않았다. 그런데 우습게도 PT 면접 이후 대부분의 면접관들이 같은 얘기를 했었다. 볼펜 때문에 신경이 거슬려 내용은 기억이 하나도 안 난다고.

지금까지 언급한 6가지 사례 모두 한마디로 말하면 낯설고, 어려운 환경에서 기립하여 PT 면접을 해야 하는 긴장감 속에서 무의식 중에 나타나는 행동들이다. 필자가 굳이 구체적인 사례를 들어 PT 면접 중 유의해야 할 행동들을 정리한 이유는 종종 취준생들과 대화를 하다 보면 피상적인 상황보다는 구체적인 행동들을 하나하나 세세히 설명해 주는 것이 이해가 빠르고, 효과적인 경우가 있어서다. 그래서 필자가 직접 보고, 겪었던 경험을 중심으로 구체적으로 하나하나 풀어놓아 보았다. 누구나 할 수 있는 실수지만, 누구나 해서는 안 되는 6가지 유의사항을 잘 기억해 두길 바란다.

토론 면접 준비하기 Vol. 1

지금까지 PT 면접에 대해 알아보았고, 이제부터는 앞서 언급한 대로 토론 면접에 대해 알아보고자 한다. 토론 면접은 일정한 주제를 면접자들에게 부여하고, 찬반 양론으로 구분해 자신의 논리를 상대에게 설득하는 면접이다. 대부분의 피면접자들은 토론 면접에서 무엇을 해야 할지 몰라 어영부영하게 되고, 솔직히 말하자면 면접관들도 어떤 점을 평가해야 할지 잘 몰라 우왕좌왕 하기는 마찬가지다. 어떻게 시작을 해야 하는지, 토론이 잘 진행되지 않을 때 면접관들은 어떻게 물꼬를 터 주어야 하는지, 어떤 부분을 중점적으로 관찰하고 점수를 부여해야 하는지 잘 모르긴 마찬가지다. 이는 아마 우리나라의 교육시스템이 토론에 익숙하지 않고, 일방적인 스쿨(School)식 교육에 익숙해져 있기 때문이 아닐까?

면접관들은 대부분 토론 발제자가 가장 말을 많이 하기 때문에 적극성, 솔선수범 등의 항목에 높은 점수를 부여한다. 하지만 실제 토론 면접에서는 대부분의 피면접자들이 자신의 논리를 조리 있게 펼칠 기회도, 시간도 턱없이 부족해 어찌해야 할지 모르다 어색한 분위기에서 끝나는 게 고작이다. 하지만 어쨌건 회사에서는 협상, 토론 등의 기회가 많기 때문에 토론 면접을 통해 피면접자들의 역량을 반드시 검증해야 할 정도로 중요한 역량이므로 반드시 짚고 넘어가도록 하자.

일상 생활에서 주변 사람들과 토론하는 것과 회사 입사를 위해 하는 토론 면접은 어떤 차이가 있을까? 우선, 이 차이를 알기 위해서는 회사에서 왜 토론 면접을 시행하는지 이유를 알아야 한다. 그래야 토론 면접을 준비하는 과정에 대한 접근이 손쉬워질 것 같다. 회사에서 토론 면접을 시행하는 이유는 크게 4가지 정도로 볼 수 있는데,

첫째, 피면접자의 적극성을 검증하기 위해, 둘째, 논리력을 검증하기 위해, 셋째, 문제해결 능력을 검증하기 위해, 마지막 넷째로는 상호 협력 및 설득 능력을 검증하기 위해 토론 면접을 시행한다.

우선, 토론 면접을 통해 적극성을 검증하고자 하는데, 누가 토론 주제에 대해 먼저 용기를 내어 발제하는가, 양쪽으로 나뉘어진 찬반 입장에 대해 누가 먼저 대표성을 갖고 나서서 팀을 이끌어 가는가를 살펴본다. 아무래도 대부분의 피면접자들은 토론 면접이라는 상황도 낯설거니와 옆에 앉아 있는 다른 피면접자들도 처음 보는 사람으로 어색

해 있는 가운데 큰 용기를 내 먼저 이 불편한 상황을 이겨 내고, 희생하고자 하는 의지가 있는 사람을 높게 평가한다. 그리고 한 방향으로 대화를 진행하는 토의와 달리 토론은 찬반 양측 또는 2개의 상반된 입장을 나타내는 집단이 서로를 설득하는 과정이기 때문에 본인이 속한 집단을 대표해 가장 먼저 자신의 입장을 설득시키고, 상대의 의견을 조리 있게 반박하는 역할에 대해서 높은 점수를 부여한다.

다음으로는 논리력을 측정하게 되는데, 앞서 논리적 사고에서 설명했던 바와 같이 자신의 입장을 논리적으로, 조리 있게 설명하고, 상대의 의견이나 입장을 논리적으로 반박하는지를 관찰하게 된다. 본인의 입장정리, 상대에 대한 반박이 MECE하게 되었는가, 프로세스에 맞게 이야기를 구성하고 있는가, 신뢰감 있고, 실증적인 자료를 제시해 상대를 설득하는지 등을 검증한다. 단순히 목소리를 크게 한다거나, 갑자기 흥분한다거나, 논리적이지 못한 논거로 막무가내로 우기는 경우 토론 면접에서 낙제점을 받게 될 것이다.

세 번째로 문제 해결 능력을 검증하는 경우가 있는데, 논리력을 통해 주장한 본인의 입장이 결국에는 문제를 해결코자 하는 최종안으로 도출이 되어야 한다. 토론 면접을 지켜보면 맹목적으로 상대 의견에 반대만 하거나 구체적 해결책 없이 추상적인 결론만 내고 마무리를 짓지 못하는 피면접자들이 자주 있다. 따라서 문제의 해결책을 잘 정리해야 한다.

마지막으로 아무리 토론 면접이라 해도 서로 강경하게 자기 입장만 내세우며 평행선을 달릴 수는 없고, 최종 타협안을 도출해야 하기 때문에 상호협력 및 설득력을 관찰하게 된다. 우리 편과는 어떻게 협력을 하여 최종 의견을 도출하고, 타협하는지, 이 같은 해결책으로 상대를 어떻게 설득하는지가 면접관들의 주요 평가 대상이 된다.

지금까지 회사에서 면접 시, 토론 면접을 하는 이유와 토론 면접을 통해 검증하고자 하는 역량에 대해 살펴보았다. 다음에는 토론 면접의 유형에 대해 알아보도록 하자.

토론 면접 준비하기 Vol. 2

토론 면접 준비하기 Vol. 1에서 기업이 토론 면접 전형을 통해 피면접자의 검증하고자 하는 역량에 대해 알아보았다. 이번 토론 면접 준비하기 Vol. 2에서는 토론 면접에 등장하는 질문 유형에 대해 알아보도록 하자.

토론 면접의 질문 유형은 크게 세 가지로 구분해 볼 수 있다. 첫째, 찬반토론으로 피면접자들의 건설적인 논리 전개를 검증하기 위해 피면접자가 한 쪽의 입장이 되어 상대를 설득하는 과정과 논리를 평가하는 질문 유형이고, 둘째는 일정한 문제에 대해 대안을 제시하여 상대를 설득하고, 이해시키도록 하는 유형의 질문이 있다. 마지막으로 여러 가지 대안 중 한 가지 대안을 선택해 상대를 설득시켜야 하는 대안 선택의 토론 면접이 있다.

가장 많은 토론 면접 유형은 아무래도 찬반토론이다. 일정한 주제에 대해 찬반 양쪽으로 구분하여 자신의 논리력을 검증하고, 구조적 사고를 통해 상대방을 설득하는 유형의 토론 면접이다. 예를 들어, '탈북자들의 북송(北送)에 대해 찬반 의견을 말해 보세요.', '환경보존과 개발의 논리 중 어느 쪽이 지금 세대에게 더 중요하다고 생각하시나요?' 등의 주제가 있다.

이 같은 유형의 주제는 '문제제기-논리적 자기 주장-반대편 논거에 대한 반박'의 순서로 논리를 전개해 나가면 된다. 특히, 자기 주장이나 반대편 논거를 반박할 때는 사실에 근거하여 정확한 표현을 해야 하고, 반대편의 논거를 반박할 때도 감정을 드러내서는 안 되고, 이성적으로 논리를 이용해 반대편을 설득시켜야 한다.

두 번째 주제의 유형은 일정한 문제에 대해 대안을 제시하는 유형의 주제다. 예를 들어 '하우스푸어(House Poor)로 인한 국가 경제 위기를 피하기 위해 국가가 취해야 할 방안에 대해 논의해 보시오'라는 질문이 그런 유형이다.

이런 유형의 주제는 사회생활 전반 및 시사상식에 대해 잘 알아야 하고, 경제, 인구학, 주택, 건설, 정책 등 다양한 방면에 지식이 있어야 한다. 토론을 하면서 상대를 설득시키기 위해 학술적인 내용을 자신감 있게 발표하고, 현실적인 대안으로 최적화된 대안까지 제시해야 한다.

마지막으로 여러 가지 대안 중 한 가지 대안을 선택해 상대를 설득하는 토론 유형이 있다. 예를 들어, '고(高) 환율 정책과 저(低) 환율 정책 중 현재 상황에 맞게 하나의 논리를 포기해야 한다면 어떤 정책이 우리에게 더 유리하게 작용할까?' 아무래도 이런 주제는 각각의 사례에 대해 경제학적으로 분석을 해야만 알 수 있는 문제지만, 이론적이고, 논리적으로도 충분히 상대를 설득할 수 있다.

토론 면접에서 제시될 수 있는 질문의 유형을 크게 세 가지로 구분해 보았다. 이 정도로 질문의 유형을 크게 구분해 토론 면접을 유형별로 대비한다면 어떤 주제나 문제가 제시되더라도 크게 당황하지 않고, 좋은 결과를 얻을 수 있으리라 생각된다.

토론 면접 준비하기 Vol. 3

　앞서 토론 면접 준비하기를 통해 회사에서 피면접자들에게 검증하고자 하는 역량은 어떤 것들이 있는지, 그리고 토론 면접의 질문 유형은 어떤 것들이 있는지 알아보았다. 이번에는 토론 면접에서 상대방의 의견을 어떻게 반박하고, 본인의 의견을 어떻게 구성하여 상대를 설득해야 하는지에 대해 알아보도록 하자.

　토론 면접이 PT 면접, 대면 면접과 다른 점은 다수의 우리편과 다수의 상대편이 존재한다는 점이다. 대면 면접이 나 혼자 면접관을 상대해야 하는 테스트라고 한다면, PT 면접은 본인이 주도권을 갖고 면접관들을 설득해야 한다는 점이 각각 토론 면접과 다른 부분이다. 토론 면접은 내가 속한 우리 편의 일원이 되어 상대의 논리를 반박하고, 내 논리로 상대를 설득하기까지 해야 하는 면접이다. 토론 면접에서 면접관들은 철저한 방관자, 평가자가 되고, 면접에 참석한 피면접자들끼리

서로 경쟁을 해야 한다. 다시 말해 면접관들의 개입 없이 피면접자들끼리 조직적으로 토론 상황을 만들어 가야 하는 것이다. 개인이 뛰어나거나 부족하다고 해서 토론 면접 자체가 돋보이거나 완전히 망쳐질 수 없다. 팀 플레이고, 조직적 활동이기 때문이다.

그렇다면 토론 면접에 임해서는 내용 구성을 어떻게 해야 할까? 토론 주제에 따라 준비하는 내용은 각각 다를 수 있지만, 준비하는 과정이나 내용 구성 등은 정해져 있기 때문에 보편적으로 이용할 수 있는 프로세스에 대해 필자의 생각을 알려 드리고자 한다.

1) 중심 메시지(Core Message)

대면 면접 시 답변은 두괄식으로 간단, 명료하게 해결책을 언급하고, 이후 근거 및 세부적인 사항들을 설명하라고 조언했던 것과 마찬가지로 토론 면접에서도 발언 기회를 얻었을 때 가장 먼저 본인이 지지하고자 하는 중심 메시지(Core Message)를 먼저 밝힌다.

2) 메시지의 근거(Reason of Message)

본인이 주장하고자 하는 메시지(Message)의 근거에 대해 언급한다. 근거 역시 되도록이면 간단, 명료하게 밝히는 것이 좋다.

3) 사례(Example)

토론 면접 주제에 따라 다르겠지만, 본인의 주장을 뒷받침할만한 적절한 예시를 들어 준다. 이는 이론적이고, 망상적인 것이 아니라, 실제로도 적용 가능하다는 것을 알려 줘야 하기 때문이다.

4) 의견 강조(Repeat of Opinion)

그리고 다시 한번 본인이 내세우고자 하는 중심 메시지(Core Message)를 재차 강조해 준다. 왜냐하면 본인이 내세우고자 하는 주장의 근거나 예시를 언급하면서 논점이 흐려졌을 가능성이 있기 때문에 논점을 분명히 하기 위해 자신의 주장을 다시 한번 강조해 논점을 분명히 해 두는 것이 좋다.

5) 반대 메시지 복기(Remind of the Opposite)

이렇게 본인의 입장을 정리하고, 자신의 논리를 강조하였다면 이번에는 상대편의 중심 메시지(Core Message)를 다시 한 번 복기(Remind)한다. 예를 들어, "지금 말씀하시고자 하는 것은 ○○○라고 생각되는데, 이 말씀을 하시고자 하는 게 맞죠?"라고 하며 상대의 입장을 상기시키고, 확실하게 해 준다.

6) 반박(Refute)

다음에는 상대가 주장하고자 하는 바를 반박한다. 반박하고자 하는 내용을 애매하게 밝히기보다 명확히 반대의 입장에 있다는 것을 선언적으로 밝혀 둘 필요가 있다.

<u>**7) 과학적 증거(Scientific Evidence)**</u>

다소 어려운 말일 수 있지만, 상대의 논거를 반박할 만한 과학적이고, 실증적인 증거를 제시한다. 아마 대부분의 토론 주제들이 명확하고, 과학적/실증적인 증거가 없겠지만, 신뢰성 있는 언론, 저작물을 인용하거나 통계 자료를 인용함으로써 신뢰도를 높일 수 있고, 결정적으로 본인 주도로 토론을 이끌 수 있다.

<u>**8) 의견의 반복(Repeat of Opinion)**</u>

그리고 최종적으로 본인의 의견을 다시 한번 강조하고, 발언을 마치면 된다.

대면 면접, PT 면접 등에서도 내용 구성이 물론 중요하지만, 토론 면접은 상대방이 자신과 첨예한 반대의 입장에 있기 때문에 논리적이고, 완벽하게 내용이 구성되어야 상대를 설득하는 효과가 발휘될 것이다. 특히, 토론 면접에서는 일관되고, 논리적으로 내용을 구성하고, 조리 있게 발언을 이끌어 가는 것이 생명이다. 왜냐하면 명백히 상대가 적(敵)으로 역할 지정이 되어 있기 때문이다. 하지만 토론 면접이라고 해서 상대를 설득하기 위해 근거 없이 강하게 자기 주장만을 펼치거나 동료들과 협력하지 못하고, 독단적으로 토론을 이끌어 가는 태도를 보이면 완벽한 논리로 상대를 제압하더라도 높은 점수를 얻지 못한다. 왜냐하면 토론 면접의 목적 자체가 논리력과 적극적 태도를 검증하는 것이기도 하지만, 팀워크를 통한 문제해결 능력, 상호협력, 소통 능력도 검증하는 전형이기 때문이다.

토론 면접 준비하기 Vol. 4

토론 면접 준비하기 네번째 시간으로 이번에는 필자가 토론 면접 면접관으로서 면접장에서 경험했던 내용들을 중심으로 조언을 해 보고자 한다. 토론 면접을 하는 피면접자를 보며 느꼈던 점 중, 인상 깊었던 것들을 모아 몇 가지 당부 사항을 적어 본다.

우선, 토론 면접에서 발표할 때 중요하다고 강조할 만한 포인트 4개를 중심으로 알아보자.

1) 논리적, 적극적으로 의견 제시

앞서 말했듯이 우리나라 교육 시스템에서 정규 교육을 이수한 사람이라면 주제에 맞게 토론을 잘하기가 정말 어렵다. 그건 전문적인 토론 패널을 제외하고 면접관이나 피면접자가 모두 마찬가지로 토론을 한다는 것이 어색하고, 두렵다. 괜히 다른 사람을 공격하는 것 같고,

어색하게 날을 세워 적을 만드는 것 같아 선뜻 입을 떼기가 어렵다.

그래서 토론을 전문적으로 하지 못할 것 같으면 차라리 먼저 적극적으로 나서는 것도 좋은 인상을 주는 또 하나의 방법이다. 발제를 하거나 토론 면접을 진행하거나 해서 적극적 역할을 한다면 모두 어색하고, 애매한 토론 상황에서 리더십이 있어 보이고, 토론 분량을 가장 많이 확보할 수 있다.

그리고 별거 아닌 주제에 대해서도 순서를 정해 논거를 논리적으로 제시한다면 토론을 잘하는 것처럼 보일 수 있다. 그 이유는 토론 면접을 평가하는 면접관들도 토론에 익숙하지 않기 때문에 토론 면접의 내용이나 방법보다 겉으로 보이는 모습으로 더 많은 평가를 받기 때문이다.

2) 동조세력 조성

토론 면접에서 논리적이라고 판단하는 것은 면접관이나 일반인들이 상식적으로 공감할 수 있다고 설득되는 경우다. 따라서 토론 면접이 찬반 양편으로 구분되어 있더라도 자기편의 동조세력, 적극적 공감자를 많이 만들어 세력화할 필요가 있다. 특히, 논리적이고, 설득력이 있어 상대편까지 나의 주장에 대해 일부 동조를 한다면 토론 면접에서 소기의 목표를 달성한 것이다.

3) 이성적(理性的)으로 접근

토론을 할 때 가장 유의해야 할 점은 이성적으로 토론을 이끌어야 한다는 것이다. 왜냐하면 토론이라는 것 자체가 감성에 호소하기보다는 이성적으로 상대의 공감을 얻어 내고, 논리적으로 설득하는 과정이기 때문에 이성적으로, 논리적으로 문제에 접근해야 한다.

4) 통계 수치 활용 및 권위자의 의견 인용

토론 면접은 주제에 대해 미리 준비하는 것이 아니라 토론 면접 30~40분 전, 길게는 1시간 정도 전에 주제를 제시하는 것이기 때문에 토론 중 자신의 논거를 전개하기 위해 통계수치를 활용하거나 믿을 만한 데이터를 제시하는 것이 어렵다. 하지만 준비된 토론 면접 준비자는 토론 면접 주제에 대해 미리 많은 학습을 하였을 것이고, 정확한 통계 수치 또는 권위자의 의견을 인용하여 설득력을 강화할 수 있다. 하지만 피면접자가 본인의 토론 면접 주제를 예측하여 준비한다는 것이 현실적으로 거의 불가능하기에 필자가 토론 면접에서 통계 수치나 권위자의 의견을 인용한 피면접자를 거의 본적은 없다.

하지만 희소성 때문에라도 피면접자가 토론 면접 중 객관적인 자료를 제시한다면 토론 면접에서 독보적으로 돋보일 수 있는 기회다. 따라서 평소 다양한 글을 읽고, 다양한 분야에 관심을 갖길 바란다. 특히, 지원하는 회사에서 최근 고민하고 있는 사안들에 대해서는 깊이 생각해 보고, 전문가들의 의견을 다양하게 접할 필요가 있다.

이상으로 필자가 토론 면접 면접관으로 배석하며 느꼈던 토론 면접 시 피면접자가 특별히 주의해야 할 점들을 적어 보았다. 위의 4가지 주의점은 대부분 피면접자들이 고민하는 공통된 것들이기 때문에 이 글을 읽는 독자분들께서도 아마 궁금해했던 점일 것이라 생각한다. 위의 주의점들만 잘 지켜도 토론 면접에서 좋은 평가를 받을 수 있을 것이다.

토론 면접 준비하기 Vol. 5

지금까지 토론 면접 준비와 관련해 토론 면접을 하는 목적부터 토론 면접 질문의 유형, 내용의 구성 및 토론 면접 시 발표 포인트 등을 살펴보았다. 토론 면접 준비하기의 마지막 조언으로 필자가 그간 토론 면접을 진행하면서 다소 아쉬웠던 점들, 누구나 아는 실수지만, 누구나 하고 있는 안타까운 행동들에 대해 살펴보도록 하겠다.

1) 소극적 태도

앞서 말했듯 토론 면접에서 가장 중요한 요소는 적극성이다. 회사에서 필요한 역량이기 때문에 토론 면접을 하기는 하지만, 면접자, 피면접자 모두 토론 상황이 익숙하지 않은 터라 적극적으로 참여하는 모습이 토론 면접의 가장 중요한 핵심이다. 소심하게 눈치만 보고 있다간 최악의 점수를 받기 십상이기 때문에 조심스럽게 어떤 말이든 의미 있는 이야기를 할 수 있도록 해야 한다.

<u>2) 과도하게 흥분</u>

토론에 몰입하다 보면 상대편을 설득하고, 말싸움(?)에서 이기고자 하는 욕구가 강렬해져 급 흥분하는 경우가 많다. 그러다 보면 상대를 비난하고, 감정적으로 공격하게 되며, 흥분해서 해야 할 말과 그렇지 않은 말을 구분하지 못하고 막말을 하는 경우가 있다. 토론 면접은 대부분 비지니스 협상 상황을 가정하기 때문에 감정적으로 접근한다 거나 흥분하면 비지니스를 그르칠 우려가 있기 때문에 설사 토론에서 이긴 것 같더라도 면접에서는 최악의 평가를 받게 된다.

3) 찬반 양쪽의 입장에서 중심을 잡지 못함

우리나라 교육환경에서 정규 교육을 받은 사람들이라면 토론이 낯선 데다 면접이라는 상황 자체도 긴장되고 낯선 환경이기 때문에 이 두 가지 요소가 합쳐진 토론 면접은 피면접자들에게 손발이 오그라들 정도로 낯설고, 견디기 힘든 과정일 것이다. 게다가 토론을 하면서 생전 처음 본 상대 피면접자를 공격하고, 논리적으로 반박하는 것에 죄책감마저 느끼게 되면 자기 주장을 명확히 펼치지 못하고, '이쪽이 맞긴 한데, 상대편도 틀린 것은 아니고…' 하며 우왕좌왕하는 피면접자들을 종종 발견한다.

조금 전 언급했듯 토론 면접을 하는 이유가 비지니스 협상 과정을 연습하기 위한 것인데, 이 같은 행태를 보이는 피면접자들에 대해 면접관들은 우리 회사의 이익을 위해 일할 수 없는 사람이라 평가할 수도 있게 된다.

4) 주도권을 갖고 혼자 이야기

토론 면접을 많이 준비한 피면접자는 앞에서 말한 문제점들을 다 극복할 수 있겠지만, 준비가 많고, 의욕이 넘치다 보면 혼자 폭주하며 토론 면접을 본인의 연설장으로 만들어 버리는 경우가 종종 있다. 이 역시 비즈니스 협상 상황이라고 가정하면 상대를 질려 버리게 만들 수 있고, 나와 상대가 윈윈(Win-win)한다는 느낌을 받기보다는 왠지 손해 보고, 지는 것 같은 느낌이 들어 협상을 그르칠 수 있다. 따라서 주도권을 갖고는 있지만, 지나치게 적극적으로 혼자 토론 면접을 다 이끌어 나갈 경우 평가가 좋지 않은 경우도 있다. 종종 이런 피면접자들을 대하면 본인은 뿌듯해하며 의기양양하게 걸어 나가지만, 면접관들끼리는 좋지 않은 대화가 오고 가기 마련이다.

5) 토론의 흐름과 관계없는 이야기

토론 면접에 참석해 보면 토론에 익숙하지 않은 소극적인 피면접자들이 종종 눈치만 보며 한마디도 못 하다가 면접 시간이 끝날 때쯤 뭐라도 한마디 해야 할 것 같은 압박감에 토론의 흐름과 관계없는 이상한 말을 하는 경우가 종종 있다. 물론, 다 같은 처지의 피면접자들이라 면전에서 면박을 주거나 논점에서 어긋난 언급을 물고 늘어지는 경우를 아직까진 경험하지 못했지만, 면접관들은 그런 뜬금없는 언급과 어색한 상황에 대한 책임을 그 토론자에게 면접 평가로 묻기 마련이다.

<u>6) 말을 더듬거나 급하게 이야기</u>

이 경우는 마음이 급한 나머지 자신의 발언 기회에 중언부언하거나 급하게 대화를 이끄는 경우다. 이 경우도 비즈니스 협상 상황이라면 상대로부터 좋은 평가를 받기 어렵고, 계약 성사의 확률은 현저히 낮아질 것이다.

<u>7) 자신만의 주장 없이 상대방의 말꼬리만 물고 늘어지는 경우</u>

이 경우는 토론 면접 상황에 대한 이해도가 낮은 경우 주로 나타나는데, 상대를 설득시키고, 이겨야 한다는 압박에 자기 주장은 하지 못하고, 쓸데없는 말꼬리만 잡고 늘어져 토론 면접에 참석한 모든 이들의 눈살을 찌푸리게 하는 경우다. 상대를 흠집 내고, 괴롭힘으로써 본인이 이겼다고 느끼는 것 자체가 협상에 대한 이해도가 낮아 나타나는 현상으로 본인이 토론에서 이긴 것도 아닌데, 상대를 어려운 상황에 몰아넣었다는 쾌감에 토론 면접에서 좋은 평가를 받았을 것이라는 기대와는 달리 면접관들의 평가가 안 좋다.

우리나라의 교육 환경상, 토론 상황이 익숙하지 않기 때문에 토론 면접이 피면접자들에게는 긴장되고, 어색할 수밖에 없다. 필자가 굳이 구체적인 사례를 들어 토론 면접 중 유의해야 할 행동들을 정리한 이유는 종종 취준생들과 상담을 하다 보면 피상적인 상황보다는 구체적인 행동들을 하나하나 세세히 설명해 주는 것이 이해가 빠르고, 효과적인 경우가 있어서다. 그래서 필자가 직접 보고, 겪었던 경험을 중심으로 구체적으로 하나하나 풀어 놓아 보았다. 누구나 할 수 있는 실수지만, 누구도 해서는 안 되는 7가지 중점 관리 사항을 잘 기억해 두시길 바란다.

VIII

선배가 후배에게

피면접자가 자존감이 있을 때, 면접관도 존중한다!

　면접관으로 면접에 참석해 피면접자를 평가할 경우가 자주 발생하게 되는데, 냉정한 평가자로 참석을 하더라도 피면접자를 보며 종종 가슴 아플 때가 있다. 피면접자가 자신감이 결여되어 있거나, 작은 일에도 긴장을 해 마치 본인이 죄를 지은 것처럼 기를 못 펴고, 위축되어 있을 때다. 그런데 그보다 더 심각한 경우가 있는데, 피면접자의 자존감이 낮을 때다.

　자존감이라는 것은 무엇일까? 자존감, Self Esteem은 '자기 가치를 스스로 인정하며, 자신을 아끼고, 존중하는 마음'이라고 한다. 여기서 헷갈리지 말아야 할 개념은 바로 자신감이다. 이 둘은 전혀 다른 개념인데, 자신감이 '나는 잘할 수 있다', 즉 '행위'와 관련된 개념이라면 자존감은 '나는 괜찮은 사람이다'라는 '존재'와 관련된 개념이다.[3]

3　『혼자 잘해주고 상처받지 마라』 유은정 저, 21세기북스, p.66

앞서 말했듯 자신감이 떨어지는 피면접자도 면접 전형에서 좋은 인상을 주기 어렵지만, 자존감이 떨어져 있는 피면접자는 정말 최악이다. 면접관 입장에서는 어떤 일이든 맡겨만 주면 잘 할 자신이 있다고 호언장담하는 피면접자도 못 미더워 면접을 합격시켜야 할지 고민을 하게 되는데, 하물며 자신감 없이 담당하게 될 직무를 잘 할 수 있을지 모르겠다고 하는 피면접자를 채용할 만큼 대담한 면접관이 있을까? 만약 그 피면접자가 예전부터 잘 알고 있던 사람이거나 같이 일해 본 경험이 있던 사람이라면 겸손하다고 평가할 수 있을지 모르지만, 처음 보는 피면접자라면 면접관이 좋은 평가를 하기 어려울 것이다.

면접관이 자존감이 떨어진 피면접자를 대하면 어떤 생각이 들까? '제가 왜 사는지 모르겠어요.', '저는 주변 사람들도 싫어하고 제 자신도 제가 싫어요', '저는 태어나지 말았어야 했어요'와 같은 생각을 가진 직원에게 직무를 책임감 있게 수행하기를 기대할 수 있을까? 사실 필자는 아직까지 자존감이 떨어져 있는 피면접자를 대해 본 적은 없다. 그도 그럴 것이 자기소개서에 자존감이 떨어져 있는 모습이 드러나 보이는 경우 아예 서류전형을 통과시키지 않거나, 스스로 면접 보러 올 에너지조차 없어 면접 전형까지 오지 못했을 것이다.

자신감 없고, 지나치게 긴장하는 피면접자들은 면접 전형에서 종종 본다. 하지만, 앞서 말했듯 자존감이 떨어지는 피면접자는 면접장에서 만났던 적도 없었지만, 종종 우연찮게 알게 된 취준생들 중 자존감이 떨어져 있는 친구들을 만나게 되면 측은지심(惻隱之心)으로 바라보게 되고, 취업에 도움을 주기보다 심리 상담을 통해 심리적으로 치료받고, 치료가 끝난 후 취업에 도전해 보라고 조언해 준다. 자존감이 없어 자기 존재의 소중함과 가치를 모르는 사람이 과연 자신의 일을 사랑할 수 있고, 함께 하는 동료들을 사랑할 수 있을까?

취업 준비의 가장 처음은 자존감(Being)을 갖는 것이다. 이런 자존감을 바탕으로 자기 자신의 목소리에 귀를 기울여 본인이 원하는 것, 본인이 잘할 수 있는 것을 충분히 고민한 후, 그 목소리에 따라 취업을 준비하는 것이 순서다. 그리고 가장 마지막에 이런 생각을 바탕으로 자신감(Doing)을 가져야 비로소 취업도 가능하다.

무조건 지름길을 통해 답을 찾는 데 익숙한 우리가 생계를 위해, 돈을 벌기 위해, 남들이 다 하는 취업을 위해 구직활동을 하고 있는 것일지 모른다. 하지만 정말 원하는 취업을 위해서는 다른 무엇보다 본인의 자존감을 찾는 것이 가장 중요하고, 가장 선행되어야 한다는 점 명심하길 바란다.

면접관은 피면접자의 어떤 점을 보고
합격을 결정할까?

몇 달 전 회사 후배들과 저녁 식사를 할 기회가 있었다. 완전 신입사원들은 아니었지만, 몇 년 전 필자가 채용설명회 진행을 나가 서류전형, 면접전형을 진행했던 친한 후배들이다. 그중 한 명은 평소에도 연락을 종종 하곤 해 근황도 알고 지내고 있었고, 본인이 궁금한 점은 수시로 질문해 서로의 안부를 묻곤 하는 관계인 반면, 또 다른 한 명의 후배는 몇 년 전 입사 후 오랜만에 보는 후배였다. 서로 반갑기는 하지만, 오랜만에 만난 자리라 다소 어색하게 인사를 하고 식사를 하게 되었는데, 식사 자리가 편해지고, 분위기가 무르익을 무렵 오랜만에 보게 된 후배가 나에게 질문을 하나 던졌다. "인사 분야에서 일을 오래 하셨는데, 사람을 한 번 보면 파악이 되고, 채용을 할지 안 할지 결정을 바로 하십니까?"

필자도 모르게 헛웃음을 짓고 말았다. 왜냐하면 그 질문이 사실 취준생들이나 신입사원들로부터 종종 받는 질문이었기 때문이다. 입사한 지 몇 년이 지난 친구들도 이런 내용이 궁금하구나…. 하는 생각에 웃음이 새어 나오고 말았다.

인사 직무, 특히 채용 분야의 일을 하는 사람에 대해 많은 사람들은 신비감을 갖고 있는 듯하다. 인사 담당자들을 점쟁이 보듯 바라보는 사람들은 본인에 대해 어떤 첫인상을 받았는지 질문하기도 하고, 사람들의 어떤 점을 보고 채용을 결정하게 되었는지 질문하기도 하며, 심각한 사람들은 대학 시절 자기 학점이 몇 점이었을지 맞혀 보라고 퀴즈를 내기도 한다.

사람들이 보기에 면접을 보고, 채용을 결정짓는 사람들이 점쟁이 같은가 보다. 아주 오래 전 모 그룹에서는 신입사원 공채 진행 시, 실제로 점술가를 배석시켜 지원자들이 어떤 사람일지 추측하기도 하고, 실제 당락을 결정하는 데 결정적 역할을 했다고 한다. 물론, 요즘은 말도 안 되는 얘기지만, 과거에 그런 소문들이 있어 사람들이 면접관들 보기를 점쟁이 보듯 생각하는 건가? 그렇다면 실제 면접관들은 면접 시, 피면접자들의 어떤 점들을 눈여겨볼까?

역량? 인성? 직무? 이런 어려운 단어들을 제외하고, 이해하기 쉬운 일상 용어를 사용해 면접관들이 피면접자들의 어떤 면을 주로 눈여겨보는지 풀어서 이야기해 보겠다.

1. 회사에 대한 관심

2. 자기가 하고 싶은 일에 대한 의지나 열정

3. 본인이 하는 말에 대한 진정성

4. 질문을 잘 이해하고, 시의적절한 답변을 하는지 여부

5. 상대의 눈을 바라보며, 정상적으로 대화할 수 있는지 여부

6. 지나치게 긴장하거나 당황하는지 여부

등을 보게 된다. 위의 요소들을 직무 역량이나 인성이라는 멋있는 (?) 단어로 포장을 했을 뿐, 대부분의 면접관들이 피면접자를 관찰하고, 판단하는 부분은 주로 이런 영역일 것이다.

1) 회사에 대한 관심

피면접자가 우리 회사의 사업구조, 수익현황, 비전, 인재상 등을 전혀 알지 못해 관심이 없다고 느껴지면 이 지원자가 면접에 합격해도 입사하지 않고, 타사로 입사할 확률이 높거나 입사한다 하더라도 타사로 이직을 지속적으로 고려할 것이라고 추측한다.

2) 자기가 하고 싶은 일에 대한 의지나 열정

대부분의 입사지원자들이 특별히 관심 있거나 하고 싶은 일이 없는 경우가 많다. 부여받은 직무 아무 일이나 하겠다거나 막연히 회사와 운명을 같이 하겠다고 호기롭게 큰 소리 치는 경우, 진정성이 없고, 주먹구구로 일을 할 수 있다고 생각한다. 요즘 누가 회사와 운명을 같이

하고, 뼈를 묻으려 하겠는가? 월급 준다고 회사에 충성을 다하고, 운명을 같이 하겠다는 허언(虛言)은 요즘 같은 시대에 불신만 깊게 할 뿐, 아무도 믿어 주지 않는다.

3) 본인이 하는 말에 대한 진정성

상당히 중요한 요소이다. 피면접자가 신입사원이라면 아직 직무에 대해 잘 모를 수밖에 없기 때문에 면접관이 직접 피면접자의 직무에 대한 열정이나 관심을 제대로 측정할 수 없다. 그렇기 때문에 진정성 있게 대화할 수 있는지, 본인이 한 말에 대해 끝까지 책임질 수 있는지는 면접관들이 피면접자를 판단하는 상당히 중요한 요소다.

4) 질문을 잘 이해하고, 시의적절한 답변을 하는지 여부

직장 생활을 하다 보면 개인의 역량을 발휘할 기회보다 팀워크에 기여할 기회가 압도적으로 많다. 따라서 개인기가 뛰어나지만, 팀워크에 녹아 들어갈 수 없는 지원자보다 개인기는 다소 못하지만, 팀워크에 도움이 될 수 있는 지원자를 조직은 더 선호하기 때문에 의사소통이 원활한 지원자를 선호한다.

5) 상대의 눈을 바라보며, 정상적으로 의사소통할 수 있는지 여부

위에서 말한 4)번과 마찬가지의 이유로 정상적인 의사소통을 할 수 있는 지원자인지 여부를 판단하기 위해 주의 깊게 살펴본다.

6) 지나치게 긴장하거나 당황하는지 여부

직장 생활을 하다 보면, 업무 진행이 늘 원활하지는 않다. 때로 상사에게 혼나기도 하고, 직장 동료들과 갈등을 빚기도 하며, 불편한 상사/동료에게 보고를 해야 하는 경우도 있다. 그런 상황에서 지나치게 긴장하거나 당황하는 지원자에게는 업무를 부여하기 부담스러워 채용 전형에서 좋은 점수를 부여하지 않는다.

이런 요소들을 관찰하고, 판단해야 하는 시간이 많아야 인당 15분~20분 정도 된다. 물론, 처음에는 그 짧은 시간에 위와 같은 요소들을 종합적으로 판단하기가 어려울 수밖에 없다. 하지만, 면접도 일종의 기술이기 때문에 반복하다 보면 정량적이거나 정성적인 데이터들이 머릿속에 축적되고, 결국 이런 데이터들을 통해 사람을 판단할 수 있게 된다. 토정비결과 같은 책도 결국은 데이터이고, 확률이라고 한다면 면접관도 결국 점쟁이와 다를 바 없다고 생각할 수도 있다. 점쟁이들이 운명의 성쇠나 금전, 혼인 관계 등을 판단한다면 면접관들이 판단하는 것은 직무와 관련된 사항이기 때문에 관찰하고, 판단하는 요소가 다를 뿐이지 점쟁이랑 유사하다고 생각할 수도 있어 많은 사람들이 오해할 수 있는지 모르겠다.

면접 보기 전 쉽게 바꿀 수 있는 태도

최근 지인의 부탁으로 자제분이 취업을 준비하는데, 면담을 좀 해달라며 그 조카분이 찾아왔다. 그 취준생은 마음이 급하고, 간절해 보였는데, 필자와의 상담을 위해 하고 싶은 말과 생각들을 많이 준비해 왔고, 궁금한 것들을 다 물어보지 못하면 어쩌나 하는 불안감이 눈빛에서 보였다. 필자가 취업 준비를 위해 알아야 할 것들이 뭐가 있을지 본인의 생각을 말해 보라고 질문했는데, 본인의 관점에서 본인이 준비한 것들을 말하는데 급급해 질문과 상관없는 어거지 논리로 대화를 몰아가면서 시간은 질질 늘어만 갔다.

그런데 이는 어쩌면 당연한 모습이다. 간절한 사람, 준비를 많이 한 사람이라면 어떤 질문을 했더라도 비슷한 반응과 태도였을 것 같긴 한데, 실제 취업을 위한 준비가 잘 된 경력사원을 면접 볼 때는 분위기가 이와 사뭇 다르다. 경험과 지식이 풍부해서 그런지, 아니면 천성이 느

굿한 건지 몰라도 면접관들의 질문을 끝까지 기다릴 줄 알고, 질문자의 의도를 파악하기 위해 대화의 공백을 이용할 줄도 알며, 면접관의 질문을 경청한 후 의도를 정확히 파악해 본인이 아는 수준까지 답을 한다.

회사에서 직무 전문가 급의 분들은 누군가 업무와 관련해 궁금한 것을 질문하거나 조언을 구하면 본인이 아는 것을 급하게 전달하거나 서두르지 않고, 질문한 사람을 어린 아이 보듯 지긋이 웃으며 바라보며 충분히 다 들어 주고, 성격 급한 질문자가 말을 끊고 질문을 하거나 하더라도 본인의 말을 멈추고 다시 들어 주는 등 여유를 보여 준다. 필자가 경력사원 면접 볼 때도 이런 상황을 종종 접했던 것 같다. 경력이 좋고, 경험과 지식이 풍부한 지원자는 절대 조급해하거나 본인을 돋보이게 하려고 서두르지 않는다. 면접관의 질문을 충분히 듣고, 본인이 생각할 시간도 어느 정도 확보를 하며, 아는 한도 내에서, 경험했던 범위 안에서 침착하게 답을 한다. 아마도 이런 편안함과 여유로움이 입사지원자가 가진 역량과 지식, 경험을 더 빛나게 하진 않았을까?

이런 태도는 역량이나 지식과 관계없이 인성에 더 가깝다고 생각한다. 필자도 원래 성격이 급하고, 알고 있는 걸 더 과장하여 과시하고 싶어하는 성향이 있다고 생각한다. 그런데 어느 순간부터 필자도 누군가와 대화를 할 때, 처음에는 말을 아끼고, 되도록이면 상대방의 말을 경청하려고 노력하는데, 아마 이건 필자의 이성적인 생각과 판단이나 깨달음과 관계없이 면접 등 사람들을 대하면서 감각적으로 그런 태도가 좋아 보였기 때문에 부지불식간 태도가 변화된 게 아닐까 생각해 본다.

취준생 중 어떤 사람들은 어차피 대답을 못해도 면접 전형에서 탈락하고, 대답을 해도 탈락할 거면 뭐라도 말하고 탈락하는 게 속이 후련하지 않겠냐고 하는데, 필자가 생각하기에 그런 태도로 면접을 보는 건 오히려 면접 전형을 준비한다기보다는 그냥 자기 만족을 위해 면접을 오는 건가라는 생각이 든다.

면접관이 질문을 하면서 모든 질문에 다 답할 거라는 생각을 하진 않는다. 그저 지원자의 지식과 경험의 수준, 역량을 가늠하려고 질문을 하는 건데, 잘 모르겠거나 잘 이해가 되지 않는 질문에 무조건 답하기 보다는 차라리 솔직하게 잘 모르겠다고 답하면 면접관이 다른 질문을 할 테고, 그 질문에 정확히 답을 하는 게 낫지 않을까 생각한다.

면접을 할 때 면접관의, 그리고 상대방의 질문을 경청하고, 질문자의 의도를 공감하고, 충분히 파악한 후에 조금 여유를 갖고 답하는 건 어떨까? 어쩌면 이런 조언 자체가 피면접자의 마음에 전혀 공감을 못해 주는 것일 수도 있겠지만, 본인이 원하는 회사의 면접을 잘 치르고, 합격하기 위해서는 경청과 여유로움은 반드시 갖춰야 할 태도가 아닐까 생각한다. 특히, 역량, 지식 같은 것들은 단시간에 바꿀 수 없겠지만, 태도는 비교적 단시간의 연습으로 변화할 수 있는 것이기에 취준생들에게 빠르게 효과를 볼 수 있는 해결책(Quick-win Solution)으로 제안해 보고자 한다.

압박 면접 경험기

　한울 아카데미에서 출간된 『지성과 감성의 협상기술』[4]이라는 책을 보면 FTS란 개념이 나온다. FTS는 협상자의 체면손상 민감도라고 하는데, Face, Threat, Sensitivity를 말한다. 이 개념은 본인이 당한 체면손상에 대해 적대적인 반응을 나타낼 가능성을 말하는데, 상대의 모욕적인 언사, 공격적인 태도, 무시하는 말투 등에 얼마나 쉽게 마음이 흔들리는지, 얼마나 쉽게 이성을 잃고 감정적으로 변하는지를 나타낸다.

　책 본문 101페이지를 보면, '고용협상에서 구직자의 FTS가 높다면 그가 윈윈(Win-win) 거래를 성공시킬 가능성은 매우 낮다'는 표현이 나온다. 어렵다. 이건 또 무슨 어려운 얘기인가?

4　리 L. 톰슨 지음, 김성환 김중근 홍석우 옮김

면접 유형 중 압박 면접이라는 것이 있다. 피면접자의 약점을 파고들어 집요하게 스트레스를 주고, 피면접자의 스트레스 내성을 살펴보는 것이다. 피면접자의 자소서에 기록되어 있는 약점을 파고들어 기분 상하게 하거나 어떤 사안에 대해 MECE(Mutually Exclusive Collectively Exhaustive)하지 못한 내용의 틈새를 파고들어 상대를 곤란하게 만드는 것이다. 피면접자를 조금씩 약 올려 흥분되게 만들기도 하고, 피면접자가 문제가 있다는 식으로 승부욕을 자극하는 등 다양한 방법이 사용된다.

면접관들은 도대체 왜 이런 압박 면접을 할까? 이는 피면접자들의 Face, Threat, Sensitivity를 확인하기 위한 과정이다. 직장 생활을 하다 보면 아름답고, 행복하고, 즐거운 일들만 일어나는 게 아니라 그보다 스트레스 가득한 상황이 훨씬 더 자주 발생한다. 그런데 위에서 말한 FTS가 높으면 상사의 지적이나 질책에 쉽게 흥분하고, 회의 시간에 본인의 의견이 받아들여지지 않으면 화를 내기도 하며, 관리자가 되면 별 것도 아닌 농담에 후배 직원이 본인을 무시한다고 생각해 불같이 화를 내는 경우가 있다. 그렇게 되면 그 직원과는 대화도, 업무 협의도, 업무 지시나 보고도 하기 어려워지고, 이런 문제는 고스란히 조직이 떠안게 된다.

필자의 경우 20년 전이긴 하지만, 신입사원 공채 면접을 볼 때 이런 질문들을 받았다. '사법 시험 준비를 2년이나 했는데, 1차 시험도 합격을 못했으면 머리가 나쁜 것 아닌가요?', '지원자처럼 머리도 좋지 않은 사람을 우리 회사에서 채용할 필요가 있다고 생각하세요?', '특기가 피아노 연주인데, 직장 다니면서 피아노 연주 기술이 쓸모가 있나요? 쓸모도 없는 특기를 지금 자소서에 특기라고 쓰신 이유가 뭐죠?'

음~~ 요즘 같으면 인권위원회에 회부될 만한 면접 질문들이다. 하지만 20여 년 전만 해도 저런 질문들을 아무렇지 않게 면접관들이 피면접자들에게 했고, 이를 압박 면접이라는 면접의 한 형태로 봐주기까지 했었다. 요즘은 인성 검사를 통해 성격의 극단성, 민감성 등을 파악할 수 있기 때문에 면접에서 저런 무지막지한 질문들은 하지 않을 것이다. 사실 필자의 경우 마침 사법 시험 준비를 하다 적성에 맞지 않아 그만두려던 차였기에 '내가 머리가 좋지 않은가?' 자책하고 있었고, 얼마 전에는 집에 있던 낡은 피아노를 보고 '어릴 적 6년 동안 열심히 배웠는데, 지금은 피아노 칠 일이 없네. 차라리 휴대하기 편한 기타 같은 악기를 배워 뒀으면 MT 가서 써먹었을 수 있었을 텐데 아쉽다'는 생각을 했던 차라 압박질문에 대해 FTS가 그다지 높지 않았고, 압박 면접 질문을 대수롭지 않게 넘겼었다. '제가 생각하기에도 머리가 아주 좋은 것 같진 않고요, 특기인 피아노도 그러고 보니 성인이 되고는 한 번도 쳐 본 적이 없네요'라고 순순히 인정하고 말았다.

면접을 마치고 집에 돌아와 '나는 왜 이리 되는 일이 없을까' 하고 신세 한탄하며 당일 받은 면접비로 잘 마시지도 못하는 깡소주를 서러운 마음에 들이켰었다.

그런데 한 달 뒤 모르는 번호로 전화가 와서는 면접 전형에 합격했다는 황당한 소식을 전했다. TV 드라마에서 보면 면접 합격 전화를 받고, 소리도 지르고, 미친듯이 거리를 뛰기도 하고, 심지어 엉엉 울기도 하던데, 필자는 '뭐지? 머리도 별로 안 좋고, 쓸데없이 피아노 연주가 특기인 나를 왜 합격시켰지?' 하고 며칠 동안 어안이 벙벙 했었다.

물론, 질문이 그 두 가지가 전부가 아니긴 했지만, 지금 돌이켜 보면 FTS가 그다지 높지 않아 압박 면접을 한 면접관들에게 좋은 점수를 받았던 것이 아닌가 싶기도 하다. 당시 같이 면접을 봤던 다섯 명 중 필자만 합격을 했는데, 나머지 스펙이 화려한 친구들도 압박 면접 질문에 당황하며 우왕좌왕하고, 살짝 흥분하는 친구도 있었으며, 심지어 얼굴이 벌개졌던 사람도 있었던 반면 필자는 가진(?) 것이 없어서 그랬는지, 자존감이 높아서 그랬는지 압박을 순순히 이겨 냈다. 어쨌건 그날의 면접은 필자에게 상처뿐인 영광이었다. 단점만 부각되어 자괴감만 깊어진 상태에서 대기업 면접전형에 합격이라니….

그런데 막상 회사에 입사하고 보니, 필자처럼 무디고, 잘 웃어넘기는 사람도 자주 짜증나고, 흥분되는 일이 발생했고, 화나고, 기분 나쁜 일들도 하루에 수차례씩 발생했다. 상사에게 혼나고, 후배들이 대들고, 동기들은 은근히 경쟁한다고 견제하고 그랬다. 그렇게 몇 년의 회사 생활을 거치고서야 '이래서 압박 면접을 해서 인성이라는 것을 확인했던 거구나'라는 생각이 들긴 했지만, 그런 압박 면접이 요즘 같은 인권의 시대에도 과연 필요한 면접 방법인지는 잘 모르겠다.

취준생들에게 주변에서 일어나는 일들에 너무 예민하지 말고, 좀 무뎌져 보라고 권하고 싶다. FTS를 낮춰 보라고. 그래야 하루 8시간씩 경쟁하고, 이해관계를 다투는 직장에서 정신 건강을 해치지 않고 살아남을 수 있다. 그런데 아직도 FTS가 선천적일까, 후천적 노력으로 극복될 수 있는 것일까는 필자 역시 여전히 의문이다.

신입사원에게 듣는다 Vol. 1
: 취업 준비 중 노력

　대학 입시를 준비하는 고등학생 입장에서는 자기가 진학하고자 하는 대학에 입학한 대학 신입생들의 공부 방법이 무엇보다 궁금할 것이고, 행정고시를 준비하는 고시 준비생 입장에서는 행정고시를 막 합격한 선배의 공부 방법이나 노하우가 듣고 싶을 것이다. 그래서 그들 대부분은 그 해 대학교에 합격한 바로 위 선배나 고시를 합격한 선배들이 쓴 합격 수기를 읽으면서 본인도 원하는 학교나 직장에 들어가기 위해 그들이 합격하기 위해 했던 방법들을 추종하려고 노력한다.

　이와 마찬가지로 원하는 기업에 취업하고자 하는 취준생 입장에서는 그해 본인이 원하는 회사에 입사한 선배들의 입사 노하우가 궁금하리라 생각한다. 그래서 필자가 아는 대기업 신입사원 중 성공적으로 남들이 부러워할 만한 복수의 대기업 채용 전형에 합격했고, 그중 원하는 회사에 입사해 모범적으로 회사 생활을 하고 있는 몇몇 신입사원들의 이야기를 몇 편의 시리즈로 엮어 보았다. 왜냐하면 취준생의 입장에서는 인사 담당자의 관점도 궁금하겠지만, 너무 이상적인 충고, 맞추기 어려운 기준을 제시한다고 생각해 거리감을 느낄 수 있어 본인이 가야 할 길을 가장 최근에 가서 성공한 대기업 신입사원의 이야기가 궁금할 것 같아 필자가 몇 개의 질문을 던지고, 이에 대한 신입사원들의 답변을 아래와 같이 들어 보았다.

첫 번째 질문은 "취업을 준비하는 과정에서 본인이 했던 노력들은 어떤 것들이 있었는가?"이다. 신입사원들의 답변을 인용해 보면 다음과 같다.

1. 지원하고자 하는 직무 관련 자격증 공부
2. 지원하고자 하는 직무 관련 세미나, 학회, 교육 등 참석
3. 대학교 1학년 때부터 성실히 학점 관리
4. 대학교 취업지원센터를 자주 방문하여 정보 수집
5. 해외 연수
6. 회계, 기획, AI 등 회사 생활에 필요한 기초 지식 습득을 위한 수업 참여
7. 한국사 자격증 취득
8. 공인어학점수 공부
9. NCS 및 인적성 시험 준비

물론, 막연히 이러한 것들을 준비하기보다 기한과 목표를 세우고, 꾸준히 노력하여 본인이 목표한 것들을 면접 전형 시기까지 모두 달성했다고 한다.

두 번째 질문은 "취업 준비 과정에서 가장 중요하게 생각했던 것은 무엇이었습니까?" 하고 물어봤다.

1. 전공 학점
2. 해당 직무에 대한 관심
3. 어학능력
4. 본인이 가장 하고 싶은 일이 무엇인지 고민
5. 자격증 취득

번호는 순서나 선호도 등과 관계없이 무작위로 나열했음은 참고로 알아주길 바란다.

신입사원에게 듣는다. Vol. 2
: 취업 준비 중 고민

신입사원들에게 대기업 입사 노하우를 물어보는 두 번째 시간으로 이번에는 '취업 준비하면서 했던 고민들이 무엇이 있었는가?'를 물어보았다. 그들의 대답은 크게 2가지였다.

1. 본인의 전공과 취업하고자 하는 분야의 불일치
2. 지속적이고, 경쟁력 있는 직종과 직무 선택

위의 2가지가 주요 고민 사항이라고 신입사원들은 기억하고 있는데, 그렇다면 이런 고민들을 어떻게 해결했는지가 궁금해져 물어보았다.

일단, 첫 번째 고민 사항이었던 '전공과 취업하고자 하는 분야의 불일치'에 대해서는 '본인 전공 외 관심 분야를 부전공으로 수료'했다는 해결책을 말했다. 고등학교를 졸업하고, 수능 점수에 맞춰 대학과 전공을 선택했다면 대학교를 다니며 본인의 관심사가 다른 곳에 있다는 점을 깨닫고 진로를 결정할 때는 다른 노력을 할 수밖에 없었던 것 같다.

다른 해결책은 '관심 분야 비전공 약점을 자격증으로 보완' 했다고 한다. 그런데 자격증도 취득하기 쉬운 자격증이나 업종에 대해 범용적인 자격증은 취업하는데 그다지 경쟁력이 없어 자격증을 취득하고도 헛수고(?)가 될 수 있어 어떤 자격증을 취득하느냐는 미리 잘 생각해 봐야 한다.

두 번째 고민 사항이었던 '지속적이고, 경쟁력 있는 직종과 직무 선택' 문제는 사실 경제활동을 20년 이상 해 온 현직자인 필자도 판단이 어려운 문제이므로 취준생들 입장에서는 얼마나 어려운 과제였을까? 필자의 취준생 시절 대부분의 친구들은 연봉, 복지, 회사 네임밸류(Name Value)와 같은 것들이 중요한 직장 선택의 기준이었다면 최근에는 워라밸(Work&Balance), 조직문화와 같은 것들이 직장 선택 시 우선되는 기준이라고 한다. 그런데 워라밸을 보장하고, 젊은 조직문화를 갖고 있는 회사라 하더라도 사업 구조가 좋지 못해 곧 폐업할 수도 있는 회사라면 선택하기 어려울 것이다.

마지막으로 '취업 준비 중 나타난 문제를 극복하려고 노력했는데, 취업 전까지 결국 극복이 안된 것이 있었나?'를 물어보았는데, 답변이 2가지가 있었다.

1. 전공 핵심 과목 외 전공 심화 과목에 대한 학습 부족

2. 영어 회화

1번 문제에 대한 한계로 면접 시, 학술적인 질문에 제대로 답하지 못해 원하는 회사 입사에 실패했다고 한다. 이는 면접 과정에서 학술적인 질문을 하는 업종의 회사들도 있고, 필기 시험을 보는 회사들도 있어 이런 경우에는 어떤 방법으로도 극복이 어렵기 때문에 취업 재수를 해야 하는 경우도 있어 미리미리 계획을 세워 준비하시길 바란다.

2번 문제인 영어 회화에 대해서는 '해외영업'과 같은 영어를 전문적으로 사용하는 직무가 아니면 영어회화 구사 역량이 절대적인 것은 아니다. 다만, 취업 관문을 통과하기 위해 어학 시험 점수를 잘 받아야 할 필요는 있다. 이는 아마도 본인의 역량 한계에 대해 개인적인 아쉬움을 토로한 것이라는 생각은 들지만, 취업하는 데 한계로 작용하여 아쉬움이 남는 요소가 맞는지는 현직자의 입장에서 의문이 드는 부분이다.

신입사원에게 듣는다 Vol. 3
: 취업 준비 중 아쉬운 점

'신입사원에게 듣는다' 제3탄으로 '본인이나 주변 환경에 있어 취업 준비 과정에서 아쉬웠던 점'이 무엇이 있었는지 물어보았다.

1. 취업 시장에서 전공이 아주 중요한 비중을 차지하는 데 대한 한계
2. 취업을 해야 하는 연령대가 직업관이나 인생의 가치관이 제대로 형성되기 이전임에도 불구하고, 외부에 직업 선택을 위한 조언을 구하기 어려운 환경
3. 인턴 경험을 많이 하지 못한 아쉬움
4. 취업하고자 하는 회사에 대한 정보 부족

위의 4가지는 현재 회사에서 우수한 직원으로 활동하고 있는 직원들이 과거 취준생 시절 어려움을 겪었던 아쉬움들을 나열한 것이다. 류시화 시인이 저술한 잠언시집 제목 '지금 알고 있는 걸 그때도 알았

더라면' 하는 마음으로 '다시 취준생이 된다면 어떤 준비를 하겠는가?' 를 질문해 보았다.

<u>1. 직업관, 가치관을 심도 있게 고민하여 직업을 선택하고, 취업 준 비에 효율적으로 노력</u>

<u>2. 선택한 직업에 재직 중인 선배를 통해 조언을 구함.</u>

<u>3. 해당 산업의 인턴에 지원하여 경험</u>

<u>4. 경험해 본 직무를 통해 향후 30년간 이 일을 할 수 있겠는가 한 번 더 고민</u>

<u>5. 취업 관련 공부를 하기보다는 인턴, 견학 등 회사 경험에 중점</u>

<u>6. 막연한 취업 준비 보다는 자격증 취득 등 실질적으로 취업에 필요 한 준비</u>

<u>7. 가고자 하는 회사와 관련 직무에 대해 사업구조 및 사업 내용 학습</u>

위의 7가지 조언은 필자가 아무래도 면접관으로 오래 활동을 해 왔고, 이제는 리더의 직책을 맡고 있기 때문에 요즘 세대 취준생들의 마음을 잘 이해하지 못할 수도 있고, 취업 준비 트렌드가 변했을 수도 있어 입사 1~2년차 직원들에게 물어보고, 답변을 들은 사항을 정리한 것이다.

이전 필자의 글 중 현대모비스 신입사원들을 대상으로 인터뷰한 내용들을 편집해 취준생들에게 취업 준비를 위한 가이드 역할을 해 주었듯이 그보다 더 최신 정보를 위해 필자가 재직하고 있는 회사의 직원들, 특히 취업 준비도 잘했고, 회사 적응 및 생활을 잘 한다고 생각되는 신입사원들을 대상으로 인터뷰한 내용들을 적어 보았다.

역시나 회사에 적응하고, 일을 배우고 있는 신입사원들 입장에서는 회사와 직무 선택 전 현장 실무에 대한 경험을 조금 더 해 보았더라면 하는 아쉬움이 있는 듯하고, 지원하고자 하는 직무에 대해 보다 심도 있게 공부해 볼걸 하는 안타까움이 남는 것 같다.

무조건 합격해야 하는 시험을 준비하듯 앞만 보고 취업 준비를 하지 말고, 취업에 성공한 이후 본인의 경력을 어떻게 만들어 나갈지, 이 직무를 20~30년 계속해서 수행할 수 있을지 진지한 고민을 거친 후, 취업 준비를 했으면 하는 바람이다.

신입사원에게 듣는다 Vol. 4
: 선배로서 당부하는 말

'신입사원에게 듣는다' 시리즈 마지막 글이다. 대기업 입사에 성공해 회사에서 나름 인정받으며 직장 생활을 하고 있는 신입사원들에게 '선배로서 취준생들에게 당부하고 싶은 것은 무엇인가?'라는 질문을 해 보았는데, 총 8가지의 답변이 나왔다.

1. 해당 전공으로 선택할 수 있는 직업군을 충분히 탐색해 보세요.

2. 본인이 30년 이상 종사해야 하는 직무이므로 본인의 마음에 드는 직업을 선택하여 경험해 볼 수 있는 인턴 활동에 지원해 보세요.

3. 학부 생활 중 치열하게 고민하고, 인턴을 통해 직접 직무를 경험하고 나면 지루한 회사 생활 중 크고, 작은 일들에 일희일비 하지 않고, 만족감을 느끼며 회사 생활을 할 수 있습니다.

4. 치열하고, 깊게 고민하여 직무를 선택하지 못해 취업 후 직무가 자신의 관심이나 적성에 맞지 않다고 판단되면 그 직무에 억지로 적

응하려고 노력하기보다 본인에게 맞는 직무를 빨리 찾아보세요.

5. 취업난이 심해진다고 해서 상황이나 주변 환경에 흔들리거나 고민하지 말고, 본인의 생각을 확고히 하여 자신이 생각하는 길로 나아가길 바라요.

6. 회사 및 직무 선택 시, 자신이 중요하게 여기는 가치에 우선순위를 부여하여 선택하시기 바랍니다. (세상 누구보다 당신은 소중한 존재입니다.)

7. 경쟁이 치열한 회사나 직무를 선택하게 되면 자신에게 기회인 동시에 위기로 돌아올 수 있으니, 자신의 성향 및 적성을 고려하여 블루오션을 잘 찾아 내시기 바랍니다. (회사의 네임밸류(Name Value) 및 직무의 인기도보다 훨씬 더 중요함)

8. 막상 취업하고 나면 자신의 가치관이 변할 수도 있고, 그에 따라 타 회사 및 타 직종으로 이직 및 전직할 기회도 많이 있으니, 인턴 등 최대한 많은 사회 경험을 통해 회사 및 직업을 선택해 보시기 바랍니다.

사실, 필자는 이 글을 읽는 독자분들과 나이 차이도 많이 나고, 필자가 취업을 위해 고군분투했던 기억도 꽤나 오래 되었기 때문에 독자들의 마음을 사로잡는 따뜻하고, 진정성 있는 조언을 해 주기는 어렵다. 차라리 면접관의 관점에서 요즘에는 면접관들이 취업 지원자들의 어떤 면을 어떻게 평가하는지 도움을 주는 것이 훨씬 더 쉬울 것이다.

그런데 필자와 같이 일하는 신입사원들이 어디에선가 오늘도 꿈을 위해, 목표를 위해 열정을 불태우고 있을 후배들을 위해 이와 같이 따뜻한 조언을 해 주는 모습을 보며, 대견하기도 하고, 세상은 오늘도 선순환하고 있다는 사실을 새삼 깨닫게 된다.

완벽한 내가 왜 면접에서 탈락했을까?

　신입/경력사원들의 면접을 보다 보면 가끔 안타까운 일들이 있어나 곤 한다. 우리 회사 문화에 잘 맞을 것 같고, 인성도 밝고, 긍정적이며, 직무 역량을 키우기 위해 노력한 흔적이 여기저기 보이는 지원자가 지나치게 긴장을 하거나, 취업 준비 방향을 잘못 잡아 아쉽게 탈락하는 경우다.

　이런 경우, 몇 번 기회를 더 준다. 질문을 바꿔 다른 방향으로 답변을 유도하거나, 태도나 표정에 문제가 있다면 긴장을 풀라고 시간을 주기도 하고, 좀 더 고민을 해 보라고 권해 주기도 한다.

　눈치가 빠른 지원자들은 이런 경우 면접관의 의도를 눈치 채고, 상황에 빠르게 적응을 하여 합격하는 반면, 어떤 지원자들은 고지식하게 자기의 방식대로 계속 밀고 나가다 아쉽게 탈락을 하는 경우가 심심치 않게 있다.

　몇 년 전 필자가 보기에 참 괜찮은 지원자가 있었는데, 이 지원자가 밝고, 긍정적이며, 사회 경험이나, 직무 역량도 뛰어났는데, 면접 당일 날 엄청나게 긴장을 한 것이다. 질문을 하면 80년대 군대 이등병이 하듯 허리를 곧추 세우고, 전방 45도를 바라보며, 큰 소리로 절도 있게 대답을 하여 '아~~ 왜 이러지?' 하는 생각이 들 정도로 당황스러웠던 적이 있었다. 다행히 이 지원자의 긴장을 풀어준 덕에 그 지원자는 뒤늦게나마 분위기에 적응을 했고, 자연스럽게 면접을 이어 나가 결국 채용전형에 합격을 하게 되었다. 회사에 입사하고 나서 당시 면접 때 왜 그런 행동을 했느냐고 물어봤더니, 학교 다닐 때, 취업 교육을 받을 기회가 있었는데, 그 수업에서 나이 지긋하신 어르신이 오셔서 그렇게 하라고 가르쳐 주셨다고….

　물론, 예전 70, 80년대 면접에서는 그렇게 행동하면 남자의 경우, 씩씩하고, 담력 있고, 성격도 좋다는 평가를 받았지만, 최근의 면접 분위기는 그 사람의 진솔한 모습을 보고 싶어 자연스러운 대화 방식의 면접을 선호하는 추세이기 때문에 이런 방식의 면접 태도는 좋은 결과를 얻어 내기 어렵다. 만일 그 지원자에게 분위기를 파악할 시간적 여유를 주지 않았더라면 그냥 본인이 배운 그대로 면접을 진행했을 테고, 결국 면접에서 탈락했을 것이다. 대부분 대기업은 면접 전형 후 피드백을 해 주지 않기 때문에 해당 지원자가 다른 회사 면접에 가서 동일한 방식으로 면접에 임했다면 결국 본인이 원하는 회사에 입사하지 못하고, 눈높이를 낮춰야만 했을 것이다.

취준생들이나 면접에서 탈락한 사람들과 우연찮게 사석에서 대화를 하다 보면 대부분 본인이 면접에서 탈락한 사유를 엉뚱한 곳에서 찾는 경우가 의외로 많다. 면접 보는 면접관도 자기 일을 하는 것이기 때문에 일일이 피드백을 해 주는 경우가 없고, 면접 학원 이런 곳에서도 최근의 면접 트렌드를 잘 반영해서 지도하거나 피드백 하는 경우가 드물다.

참으로 안타까운 현실이지만, 면접에서 탈락했다면 본인 스스로 면접에서 탈락한 이유를 적당히 짐작하지 말고, 정중하게 면접관에게 문의를 드리거나, 채용을 진행하는 직원에게 물어본다면 그들도 부담되지 않는 선에서 적당히 피드백을 해 줄 것이다. 그런 조언을 듣고 지적받은 부분에 대해 본인이 집중적으로 면접 준비를 한다면 추후 좋은 결과가 있지 않을까? 사실, 가장 좋은 방법은 주변 대기업 인사 담당자가 아니더라도 팀장 정도의 직책자 중 아는 사람이 있다면 정중히 모의 면접을 부탁해 보도록 하자. 그러면 그들은 어렵지 않게 면접에서 반복적으로 탈락하는 피면접자들의 문제점을 찾아내고, 조언해 줄 것이다.

취업에 실패하는 후배들에게…

　요즘 취업 시장이 너무 어렵다. 가뜩이나 경제가 어려워 기업들이 앞다투어 채용을 취소, 연기하고 있어 가뜩이나 좁은 취업문이 더더욱 좁아졌다. 필자 세대의 취업도 IMF 구제금융 직격탄을 맞은 직후였던지라 취업이 어려웠지만, 작금의 취업난과 그 당시를 얼핏 비교해 보아도 지금의 취업난이 90년대 말, 2000년대 초보다 더 심각하다고 생각한다. 이런 시대에 취업을 준비하는 취준생분들에게 기성세대의 어른으로서 미안하다는 말, 위로의 말을 전하고 싶다.

　그런데 필자가 더 안타까운 건 취준생들이 취업이 안되는 현실에 대해 자책하는 상황이다. 자신의 역량이 부족하고, 영어 점수가 낮고, 자격증이 없고, 학점이 낮고 등등 취업난으로 인한 미취업이 마치 자신이 불성실하게 살아온 문제인양 스스로 괴로워하고, 자책하는 경우를 종종 본다. 연애, 결혼, 출산을 포기한 '3포 세대'가 취업조차 안되어 사회 초년생조차 못 되는 상황이 대기업에 취업할 수 있는 소수에 포함되지 못하는 본인에 대한 자책으로 이어진다. 그런데 극심한 경쟁사회에서, 소수만이 선택받는 현실에서 자신이 선택되지 못한 게 자신만의 탓일까?

글 초반에 말했듯이 필자의 취업 준비 시기는 IMF 구제금융 직후라 취업이 결코 쉽지는 않았다. 하지만 한편으로 필자는 IMF 구제금융 이전에 선배들이 취업하는 모습도 지켜보았다. 그 선배들은 대부분 1, 2학년 때 학사경고 받을 정도로 실컷 놀았다. 그리고 2학년 겨울 방학이 되면 누가 먼저랄 것 없이 정신 차리겠다며 앞다투어 자진 입대를 했고, 제대하고 나서는 복학생으로서 공부를 열심히 했지만, 그래봐야 학사경고를 받은 1, 2학년 성적을 끌어올리는 데 주어진 시간은 겨우 2년밖에 없어 학점 올리는 것도 한계가 있었다. 필자가 졸업한 대학교 기준으로 4.0 만점에 2점 중반대만 되어도 취업하는 데 문제가 없었고, 심지어 여러 대기업 면접전형에 합격을 해 그중 마음에 드는 대기업을 골라 입사를 했다. 그렇게 졸업과 취업이 물 흐르듯 자연스럽게 이어졌던 선배들은 취업 후 몇 달이 지나면 두툼한 지갑을 들고 학교로 찾아와 후배들에게 한 턱 쏘았다.

그 당시의 선배들이 지금의 취준생들보다 절대적으로 역량이 뛰어나고, 경쟁력이 있었을까? 필자의 경우 경제 혼란기를 몇 차례 겪으며, 호황기와 암흑기를 동시에 보았기 때문에 사회 탓, 경제 탓, 외환 관리를 못한 정부 탓 등 순순히 자신의 무능 탓으로 돌리기에 억울한 면을 너무 많이 보았다. 하지만 경제 불황이 그 이후로 계속 이어지다 보니, 요즘 세대 취준생들은 취업이 안되는 상황을 사회 구조 탓으로 돌리기보다 온전히 자신만의 문제로 전가하며 속상해하는 경향이 짙다. 필자가 보기에 필자가 겪었던 시기나 지금이나 비슷한 상황인 것 같은데, 유독 요즘의 취준생들은 오롯이 이 문제를 본인의 역량 부족으로 귀속시키는 모습을 보며 사회의 선배로서 후배들에게 미안한 마음이다.

필자가 지금은 사회의 선배로서 취준생들에게 취업에 도움이 될 만한 글들을 쓰고 있지만, 취준생 여러분들이 지금 당장 취업에 실패하더라도 그 결과는 결코 취준생 여러분들만의 잘못이 아니라는 사실을 분명히 말해 주고 싶다. 사회의 구조, 경제 상황, 치열한 경쟁, 일자리를 충분히 만들어 주지 못한 기성세대의 문제 등등 종합적인 환경이 취준생 여러분들을 어렵게 만들어 놓은 것이지, 결코 취준생 여러분들만의 문제가 아니다. 필자 선배들이 경제 호황 시대를 잘 만난 덕에 쉽게 대기업 여러 곳에 취업이 된 반면, 현재의 취준생 여러분들은 그저 불행하게도 시대를 잘못 만났을 뿐이지 개인의 하자나 문제가 있는 건 결코 아니라는 점을 분명히 해 두고 싶다.

여러분들 개개인은 인간으로서 언제, 어디서나 존중받아야 하고, 사회에서 각자 나름의 기여를 할 위치가 있을 것이다. 모두 누군가의 세상 하나뿐인 소중한 자식이고, 누군가의 세상 하나뿐인 사랑이며, 나중에는 자식들에게 세상 하나뿐인 부모가 될 사람들이다. 자신의 존재 자체로 존중받아야 하고, 스스로가 각자 소중한 사람들이니, 절대 어떤 일이 있더라도 현재의 상황을 자책하거나 자신을 미워하지 않았으면 좋겠다.

대기업에 취업하고 싶다면
당장 이것부터 해 보자

ⓒ 오원섭, 2026

초판 1쇄 발행 2026년 3월 16일

지은이   오원섭
펴낸이   이기봉
편집   좋은땅 편집팀
펴낸곳   도서출판 좋은땅
주소   서울특별시 마포구 양화로12길 26 지월드빌딩 (서교동 395-7)
전화   02)374-8616~7
팩스   02)374-8614
이메일   gworldbook@naver.com
홈페이지 www.g-world.co.kr

ISBN   979-11-388-5490-0 (03320)